The Drawer

Volume 23 - *Portraits*

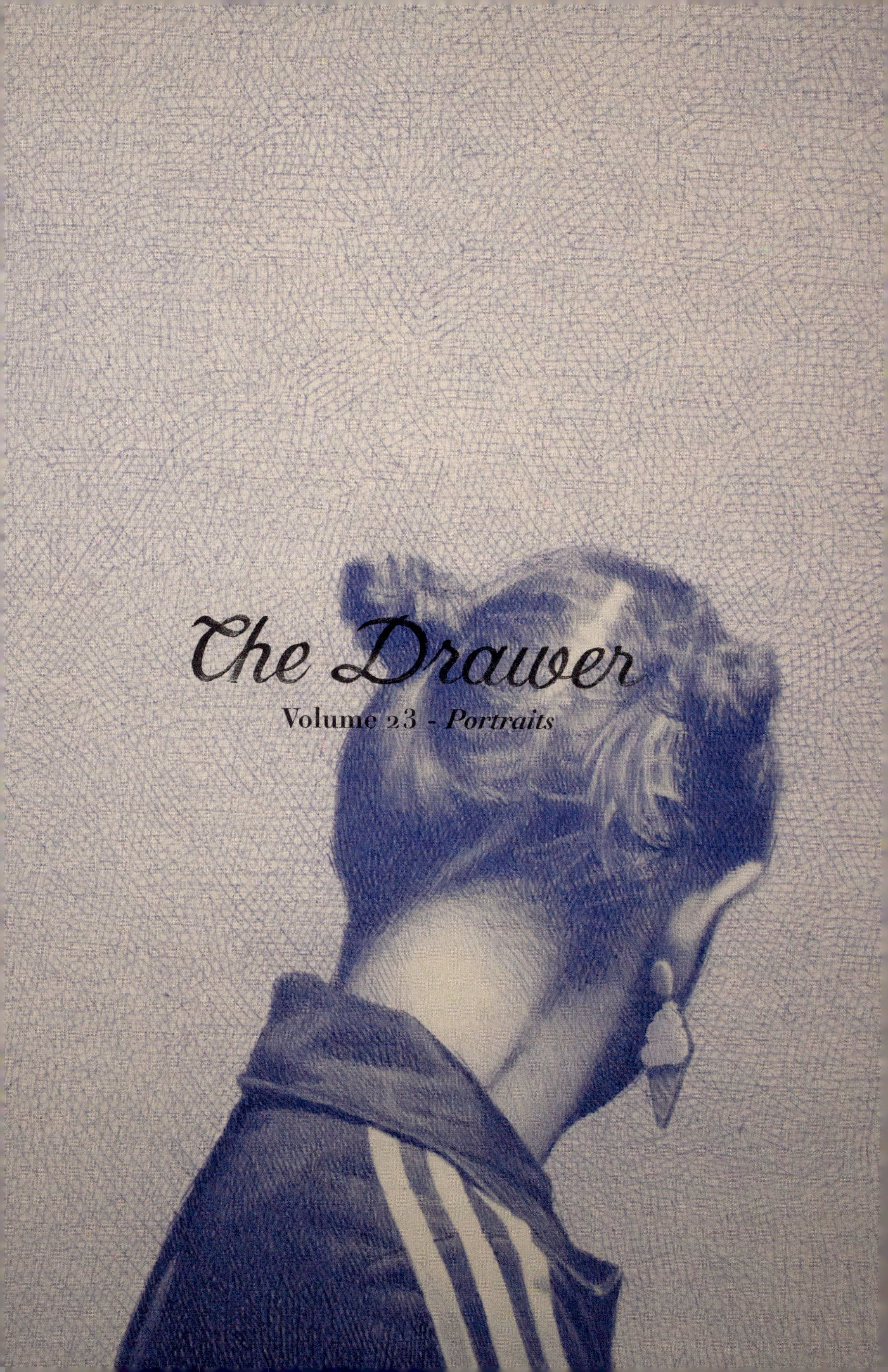

The Drawer

Vol. 23 - *Portraits*

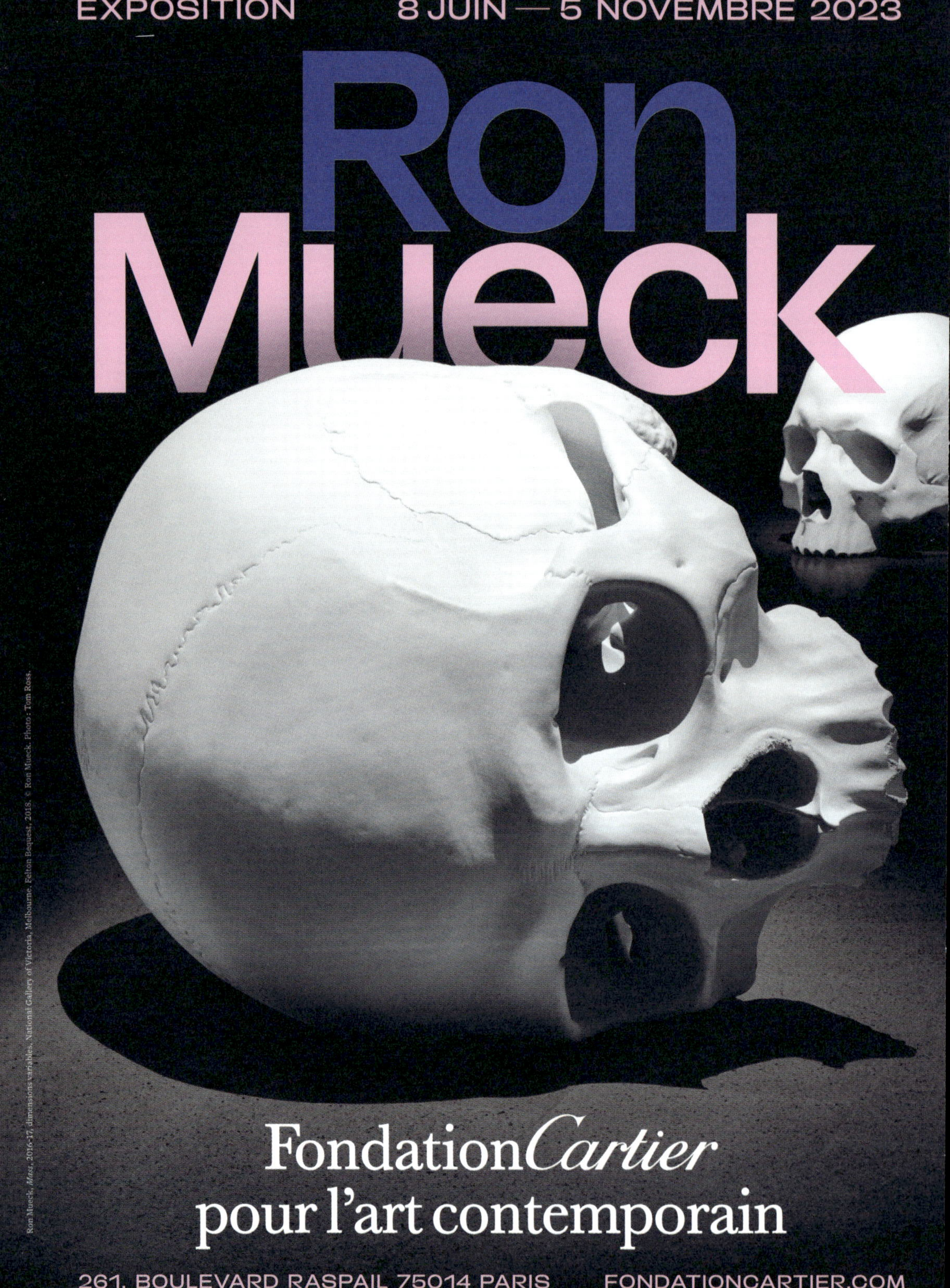
EXPOSITION
8 JUIN — 5 NOVEMBRE 2023
Ron
Mueck
Ron Mueck, Mass, 2016-17, dimensions variables. National Gallery of Victoria, Melbourne. Felton Bequest, 2018. © Ron Mueck. Photo : Tom Ross.
Fondation Cartier
pour l'art contemporain
261, BOULEVARD RASPAIL 75014 PARIS
FONDATIONCARTIER.COM

Portraits vivants

Une série de *Frame Paintings* de Marijke Vasey ouvre ce 23e volume consacré au portrait. Soit un ensemble de peintures vides de représentations mais pleines de possibles où seul le cadre est figuré. Chacun est libre de les investir comme il le souhaite, d'y projeter son propre reflet ou d'autres imaginaires. Sur les gouaches qui suivent, Jérôme Mulot a croqué sa fille en train de dessiner sans préciser les traits de son visage, à l'image des personnages à la face épurée qui ont peuplé les bandes dessinées de l'artiste pendant longtemps. Reste le mouvement et l'expression du corps pour signifier l'individu. Sans yeux ni bouche ni nez, le visage devient surface abstraite, miroir opaque dans lequel se refléter. Absents, imprécis ou cachés, les visages se devinent également de dos dans ce numéro. À commencer par ceux des dessins de Robin Wen, en couverture, qui a fait de la jeunesse des *free party* son modèle préféré. La disparition du visage comme une constante du portrait contemporain.
En ces années *selfie*, les autoportraits sont également et évidemment au programme. Les artistes sélectionnés ici se représentent sans fard, à l'image de l'Australienne Jenny Watson et de la Canadienne Julie Doucet, ou bien grimés, tel le jeune photographe, performer et plasticien français Laurent Poleo-Garnier dans une série de photos mises en scène et rehaussées à l'encre ou au crayon. En endossant d'autres identités, ses autoportraits sont à la fois le moyen de se connecter à l'autre et à soi-même, de s'inventer. À la question « Qui représenter ? », l'artiste Julien Meert répond : « Moi-même. Et à travers moi-même, une expérience partagée du corps. »
Ou l'autoportrait comme expérience individuelle à visée collective. Concentré principalement sur la figure humaine - familière ou étrangère à l'artiste, célèbre ou anonyme -, ce numéro consacré au portrait s'intéresse aussi à la figure animale en tant que sujet à part entière, participant pleinement au monde. Jenny Watson le confirme : si ses proches et ses amis ont longtemps été ses sujets principaux, elle aime aujourd'hui de plus en plus représenter les animaux, les chevaux et les oiseaux en particulier. Agrandissant la vaste galerie de portraits contemporains, les peintures de chiens d'Adrien Fregosi rejoignent de façon plus libre encore d'autres célèbres portraits canins, à l'image des teckels de David Hockney (auxquels la jeune artiste anglaise Sophie Barber rend hommage ici) et des braques de Weimar de William Wegman, dont une sélection de dessins est présentée dans ce volume. Montrer les formes du réel et le monde tel qu'il est, son écologie, est une des fonctions du portrait. À travers lui, ce volume propose un visage de l'époque, ou tout au moins un aperçu.

Barbara Soyer & Sophie Toulouse

Living Portraits

A series of Marijke Vasey's *Frame Paintings* opens this 23rd volume dedicated to portraiture. An ensemble of paintings void of representations but full of possibilities where only the frame is depicted. Everyone is free to fill them in as they wish, to project onto them their own reflection or other imaginaries. In the gouaches that follow, Jérôme Mulot has sketched his daughter without detailing her facial features, in the manner of the characters with stripped-down faces who have long populated his comic books. Only movement and bodily expression to signify the individual. Without eyes or mouth or nose, the face becomes an abstract surface, an opaque mirror in which to reflect. Absent, imprecise, or hidden, faces can also be guessed at from behind in this issue. Starting with the cover drawings by Robin Wen, who has made the youth of the free party scene his longtime models of choice. The disappearance of the face as a constant in contemporary portraiture. In this moment of selfies, self-portraits are also obviously part of the program. The artists selected represent themselves without artifice, in the way of Australian Jenny Watson and Canadian Julie Doucet, or heavily made-up, like the young French photographer, performer, and visual artist Laurent Poleo-Garnier in a series of staged photos embellished with ink or pencil. By assuming other identities, his self-portraits are at once a way of connecting to the other and to himself, of reinventing himself. To the question "Who do you like to draw?" Julien Meert responds: "Myself. And through myself, a shared experience of the body." Or, the self-portrait as individual experience with a collective aim.

Focusing primarily on the human figure—familiar or foreign to the artist, famous or anonymous—this issue dedicated to portraiture also takes interest in the figure of the animal, as a subject in its own right, fully participating in the world. Jenny Watson confirms this: if her intimates and friends have long been her primary subjects, she is now increasingly partial to depicting animals, particularly horses and birds. Expanding the vast gallery of contemporary portraits, Adrien Fregosi's paintings of dogs come together even more freely with other famous canine portraits, like those of David Hockney's Daschunds (to whom the young English artist Sophie Barber pays tribute) and William Wegman's Weimaraners, who has a selection of drawings in this issue. Showing reality's forms and the world as it is, its ecology, is one of the functions of the portrait. Through it, this issue offers a face of the era, or at least a glimpse.

Barbara Soyer & Sophie Toulouse

Marijke Vasey

Artiste, vit et travaille à Beaubery,
www.marijkevasey.com

Si vous étiez un portrait ? Si j'étais un portrait je ne le représenterais pas à travers une image mais à travers le ressenti qu'il suscite, car qu'est-ce qu'une représentation sans émotions ?

Qui représenter ? Mes œuvres fonctionnent un peu comme les reflets d'un miroir. Chacun peut y percevoir son propre reflet malgré le fait qu'il soit vide la plupart du temps.

Qui pour vous représenter ? Je suis inspirée par le fait d'utiliser la lumière dans un ensemble de combinaisons et de styles qui à première vue n'iraient pas ensemble. Au centre, il n'est pas rare qu'il y ait un vide mais qui, grâce à la lumière, puisse permettre à n'importe quel observateur de se projeter lui-même à travers l'œuvre et y ressentir une présence.

Le portrait parfait ? Pour moi le portrait parfait dégage toujours cette sorte d'énergie ou de vivacité.

Votre portrait craché ? Un portrait craché n'en devient un pour moi que lorsqu'il représente à la fois l'aspect physique et psychologique.

P. 9 : *Sans titre*, huile et acrylique sur toile, 190 x 150 cm, 2019.
P. 10 : *Afterglow*, huile, acrylique et peinture aérosol sur panneau, 35 x 28 cm, 2021.
P. 11 : *Morning (Study)*, huile, acrylique et peinture aérosol sur panneau, 35 x 28 cm, 2021.
P. 12 : *Inside here life is beautiful…*, huile, acrylique et peinture aérosol sur panneau, 35 x 28 cm, 2022.
P. 13 : *4 PM Forever*, huile, acrylique et peinture aérosol sur panneau, 24 x 18 cm, 2021. Courtesy de l'artiste.

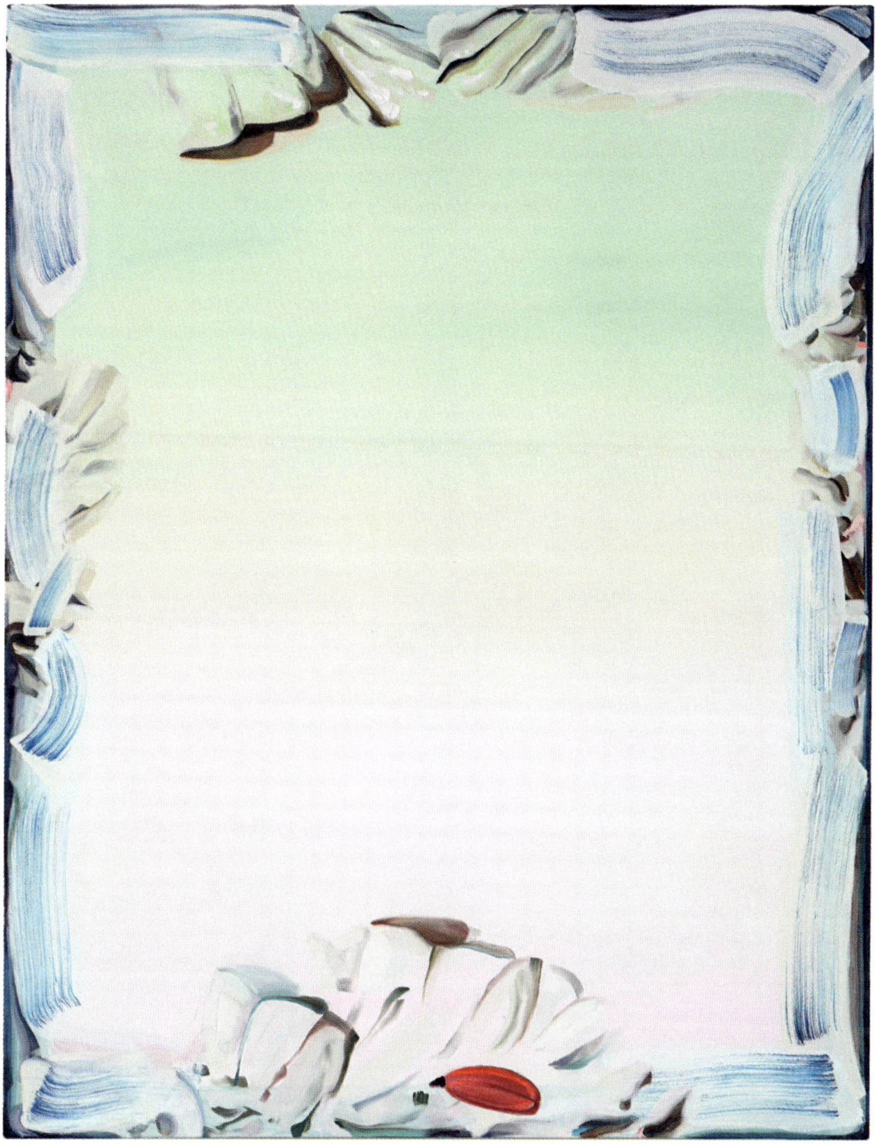

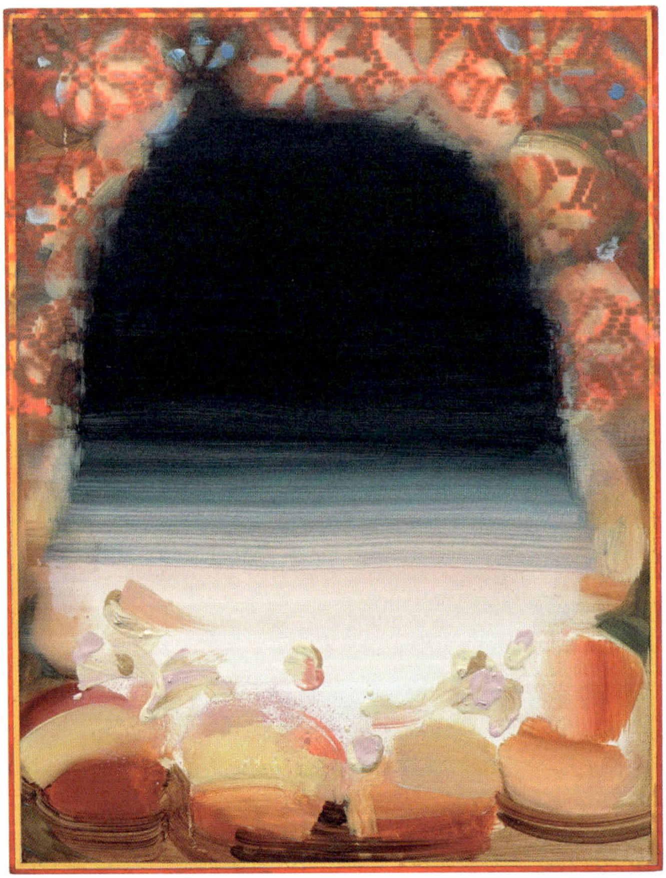

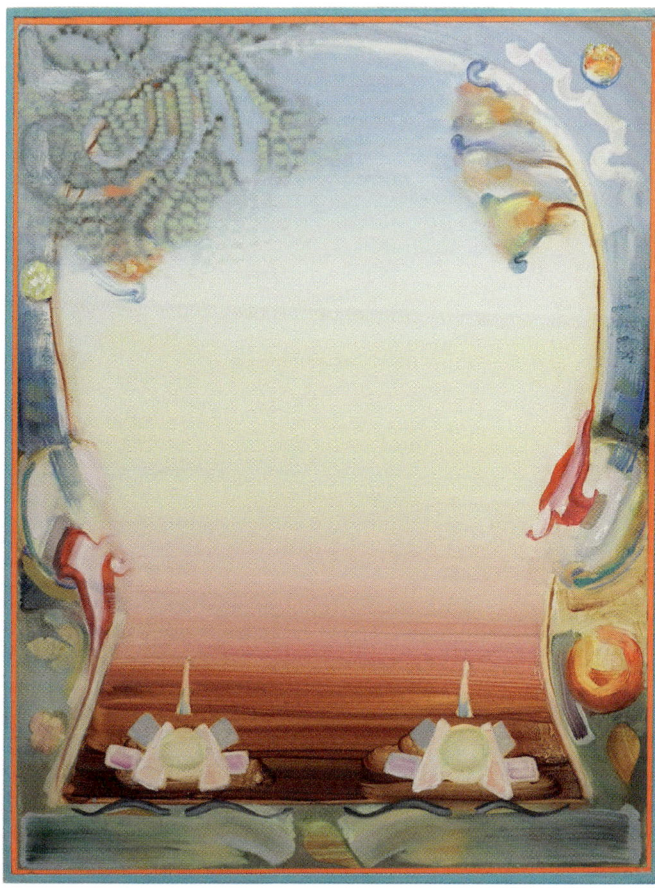

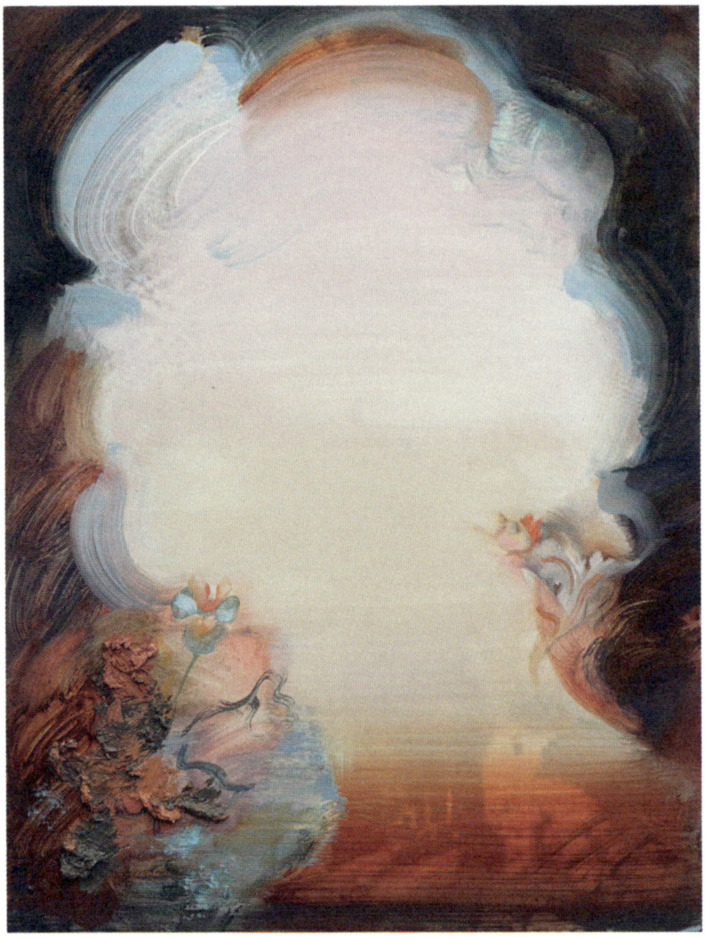

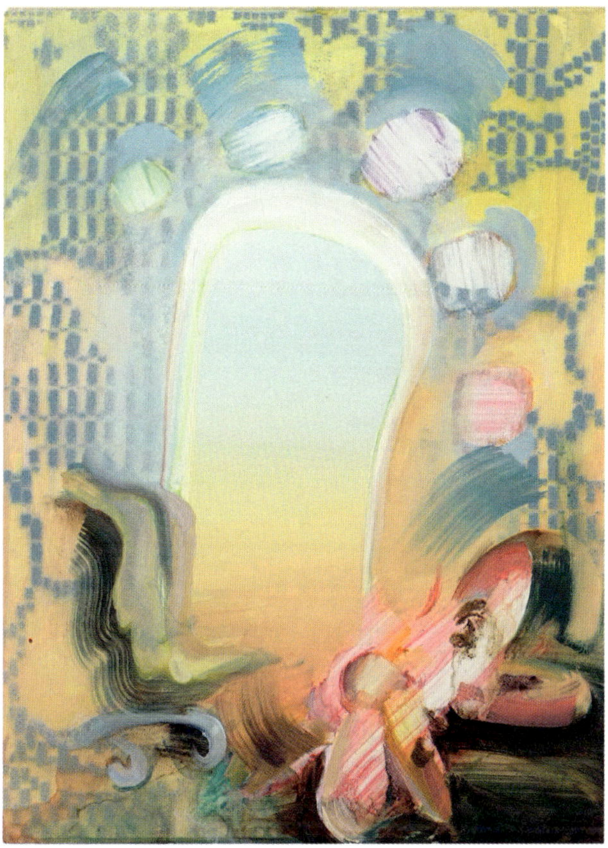

Jérôme Mulot

Artiste et auteur de bande dessinée, né en 1981, vit et travaille à Nantes, @jerome.mulot

Si vous étiez un portrait ? *Le Gardeur de troupeaux* de Pessoa.
« Je suis un gardeur de troupeaux.
Le troupeau ce sont mes pensées
et mes pensées sont des sensations.
Je pense avec les yeux et avec les oreilles
et avec les mains et avec les pieds
et avec le nez et avec la bouche. »

Qui représenter ? Toutes celles et ceux que je pourrais rencontrer.

Qui pour vous représenter ? Ma fille.

Le portrait parfait ? Une photo amoureuse de Lartigue en couleur, genre autochrome dans le soleil.

Votre portrait craché ? Snoopy. Il aime les livres, il se pose beaucoup de questions et n'oublie jamais l'heure de manger.

Le portrait impossible ? Mon père sur son lit de mort. Je n'ai même pas osé faire une photo.

P. 15 : *Ma fille*, gouache sur bristol, 10,5 x 15 cm, 2019.
P. 16-17 : *Ma fille*, gouache sur pages de carnet, 14,5 x 21 cm, 2019.
Courtesy de l'artiste.

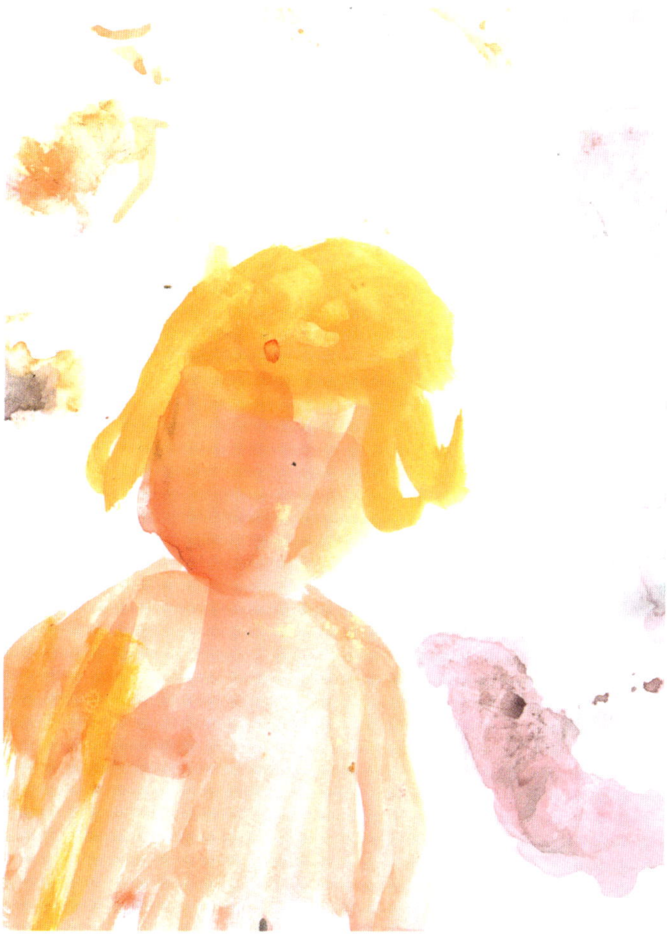

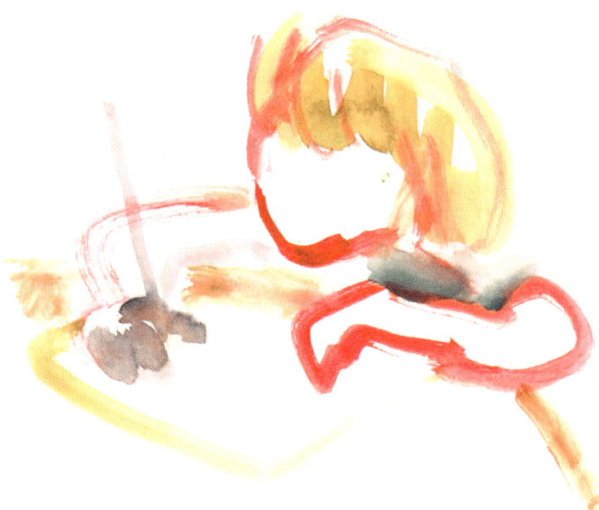

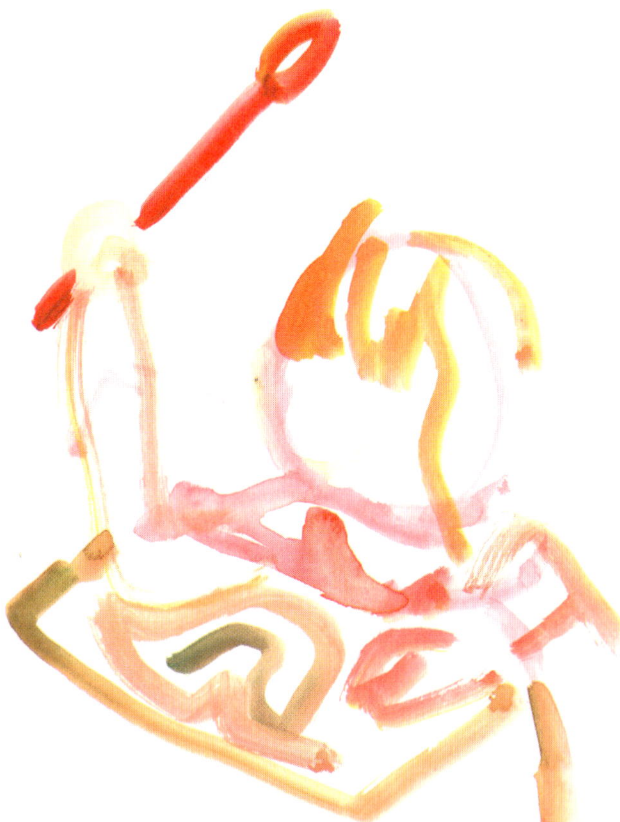

Jenny Watson

Artist, born in 1951, lives and works in Brisbane, www.transit.be

If you were a portrait? I would like to be painted by Francis Bacon.

Who do you like to draw? In the past family and close friends. More recently animals, particularly horses and birds.

The perfect portrait? A great likeness, not necessarily dependent on skill.

The impossible portrait? I find most commissioned portraits of royalty or eminent people impossible to judge in an art sense.

P. 19 : *Man on a Chair with Bird.*
P. 20 : *Wide Eyed with Jet Lag.*
P. 21 : *Blue coat + Jimmy Choo's.*
P. 22 : *Horse with Carrot.*
P. 23 : *Bird with Insect on a Pink Cloth.*
All works : liquitex acrylic on Arches paper, 78 x 58 cm, 2022.
Courtesy galerie Transit, Mechelen.

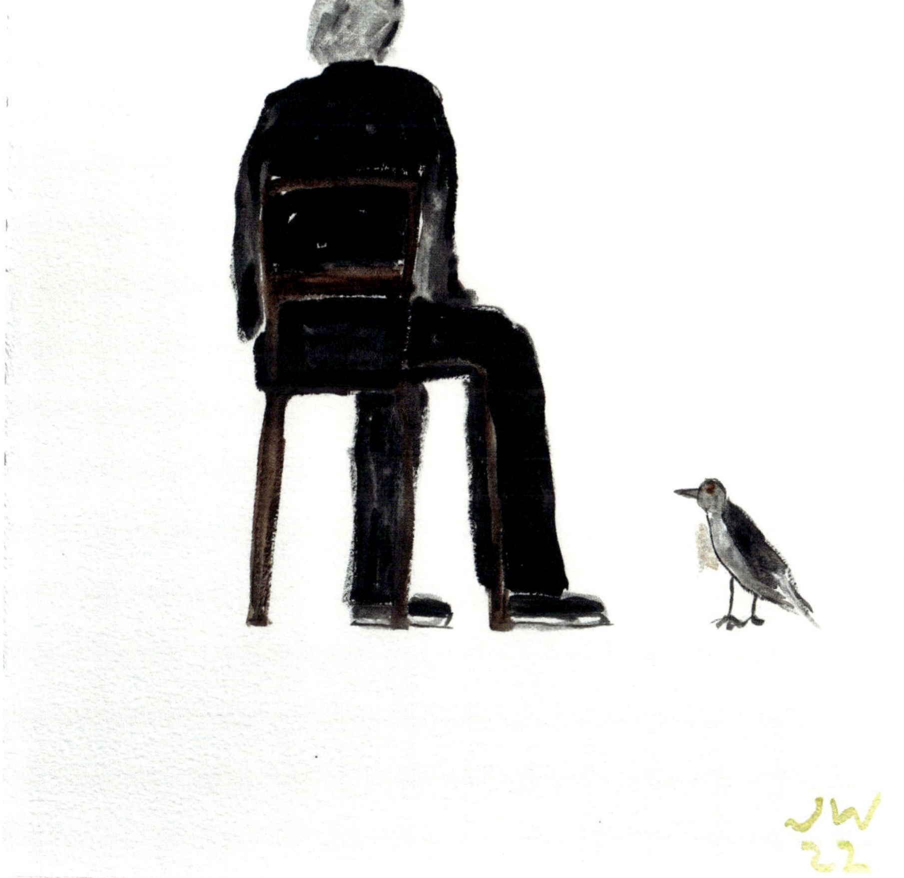
JW
22

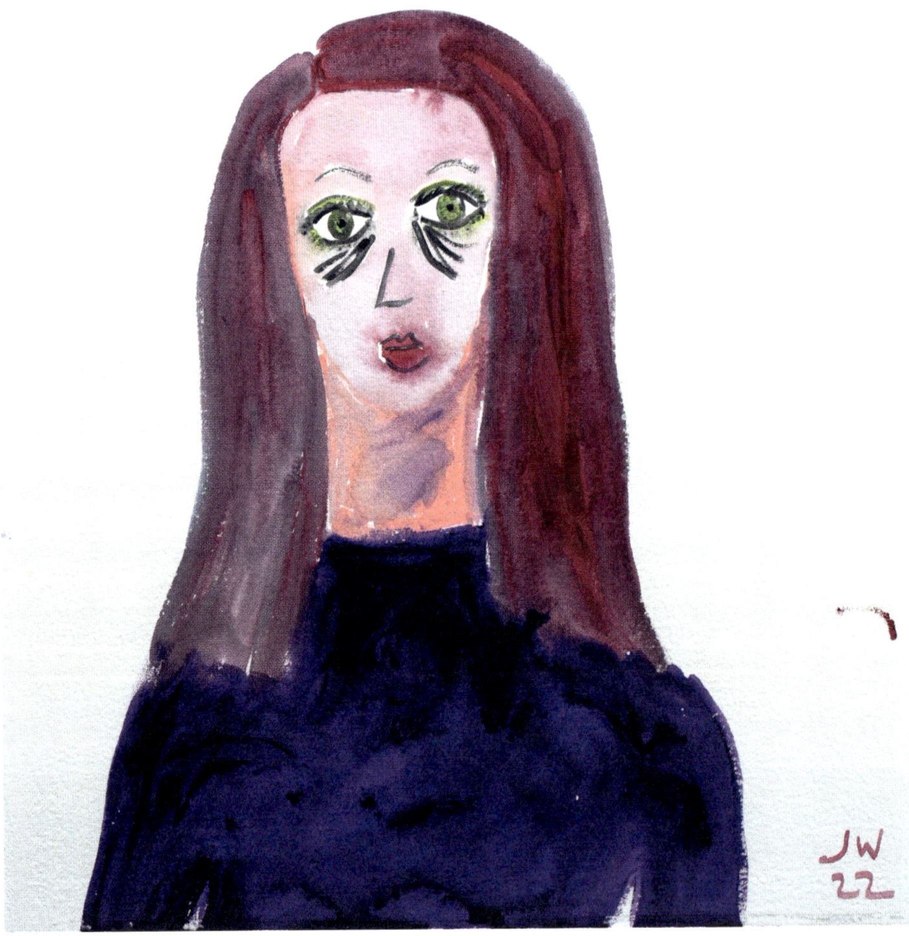
JW
22

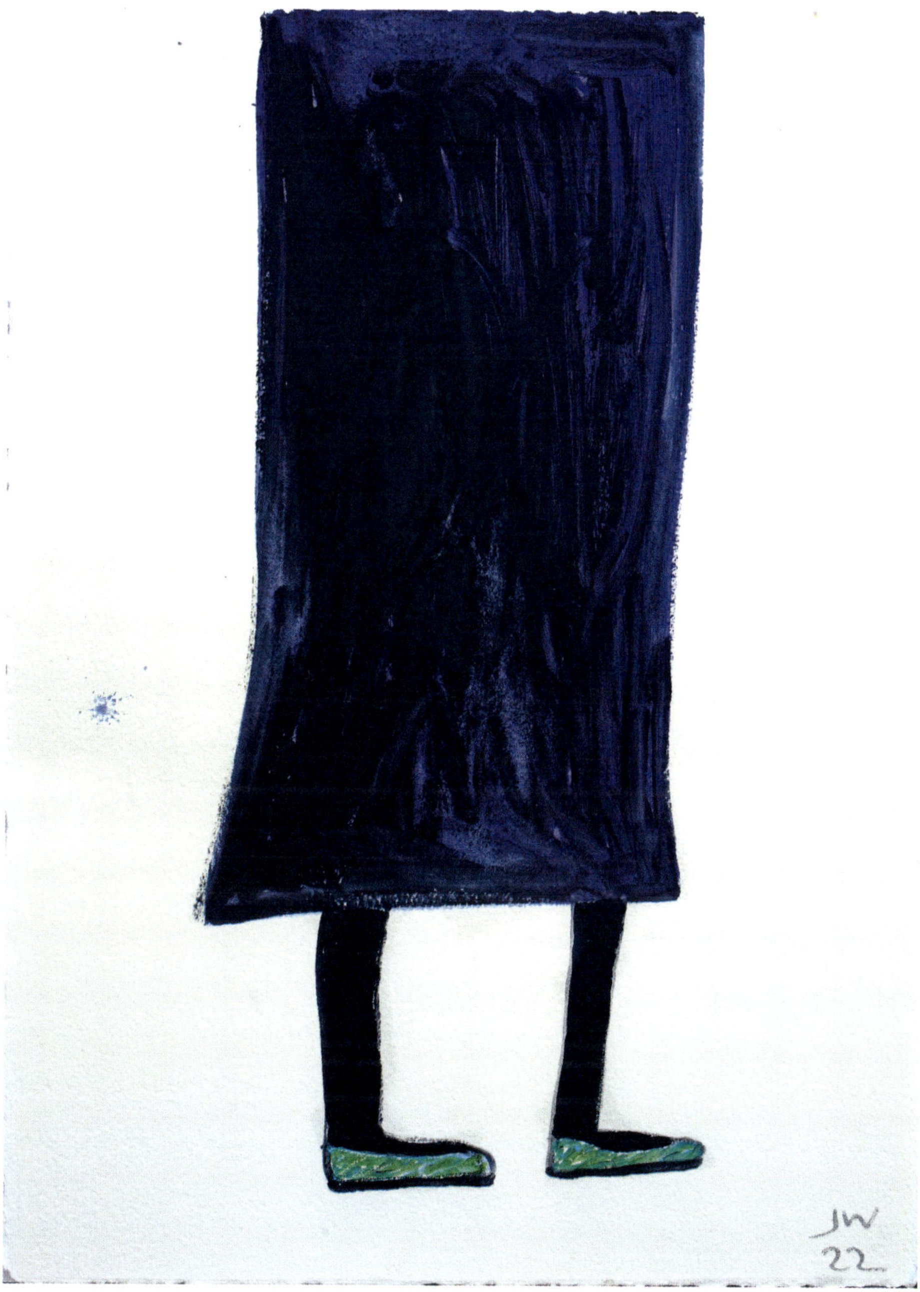
JW
22

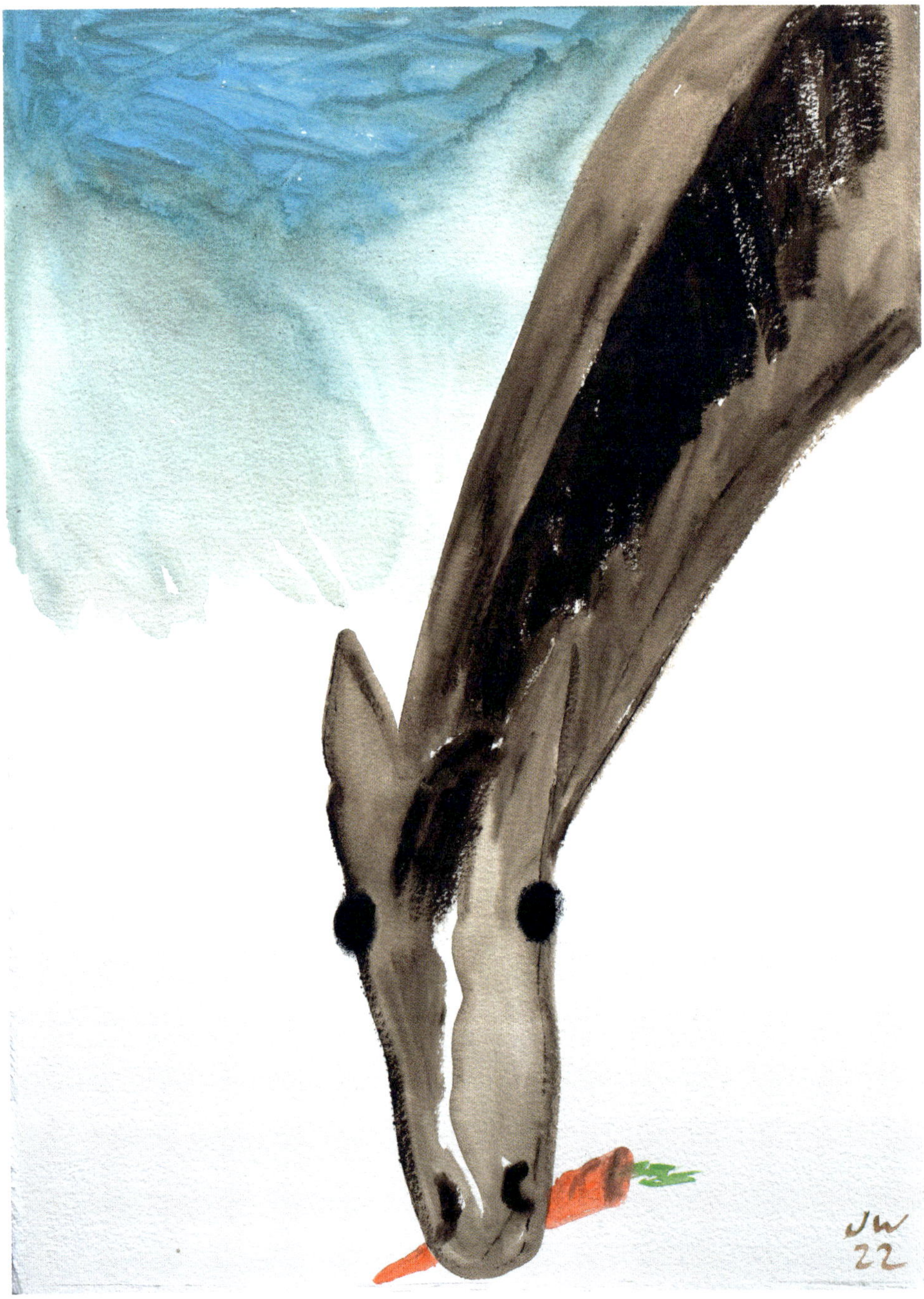
JW
22

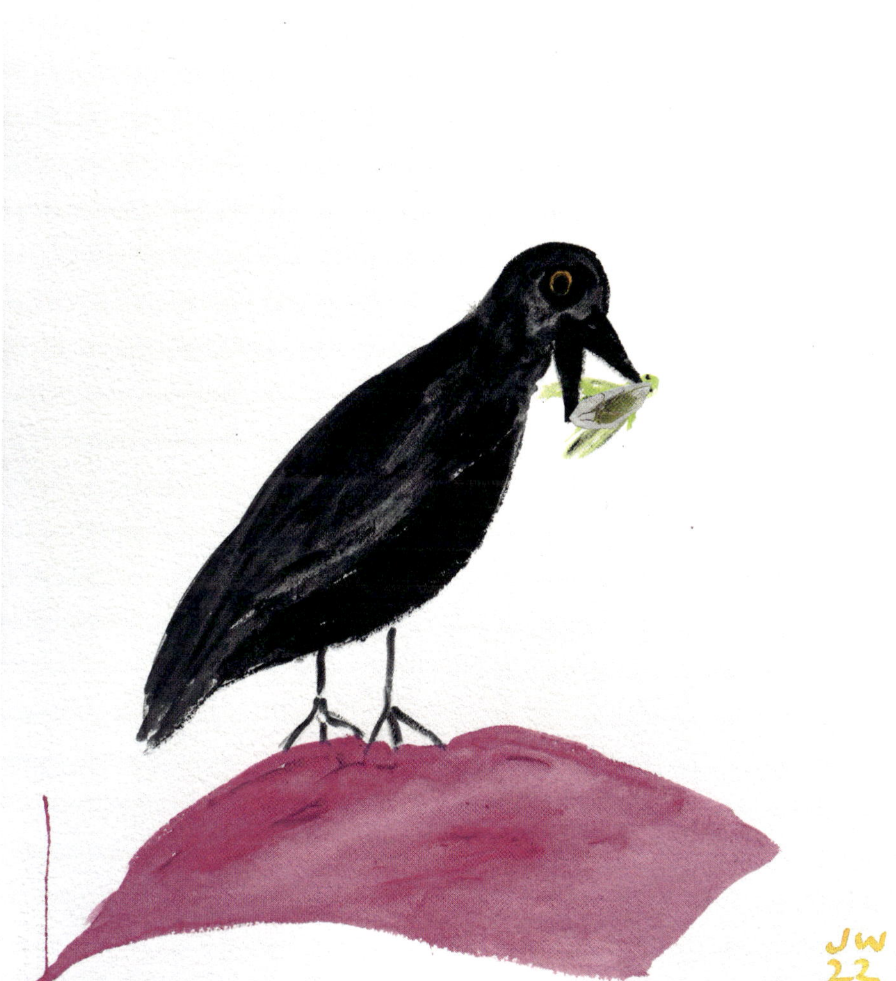
JW
22

Joseph de Lapaillone

Artiste, né en 1999, vit et travaille à Paris,
@jossaif

Si vous étiez un portrait ? Un mélange entre les dessins que David Hockney fait de sa mère à la plume, et ceux de Hanma Yujiro page 158 du volume 11 de *Hanma Baki*.

Qui représenter ? L'amas de motifs, de textures et de synthèses qui m'occupe.

Qui pour vous représenter ? J'ai la chance de travailler dans une école d'art, je pense à mes camarades d'atelier qui m'ont beaucoup dessiné, Louis, Ludovic, Hakim, Dimitri, Raoul. Et je pense à mon père qui m'a peint depuis mon enfance.

Le portrait parfait ? Celui qui arrive à canaliser toutes les intentions de l'artiste, pour que l'observateur, en le regardant, y voie tout à fait autre chose.

Votre portrait craché ? Un jour une dame m'a arrêté dans la rue et m'a appelé : « Sullivan !? ». Alors je vais dire : Sullivan.

Le portrait impossible ? Ma mère ? Je ne l'ai jamais réussie, mais peut-être que si j'oublie tout l'amour que j'ai pour elle j'y arriverai.

P. 25-29: Série « Graffitis », encre de Chine, pinceau et plume, 17 x 24 cm chaque, 2023. Courtesy de l'artiste.

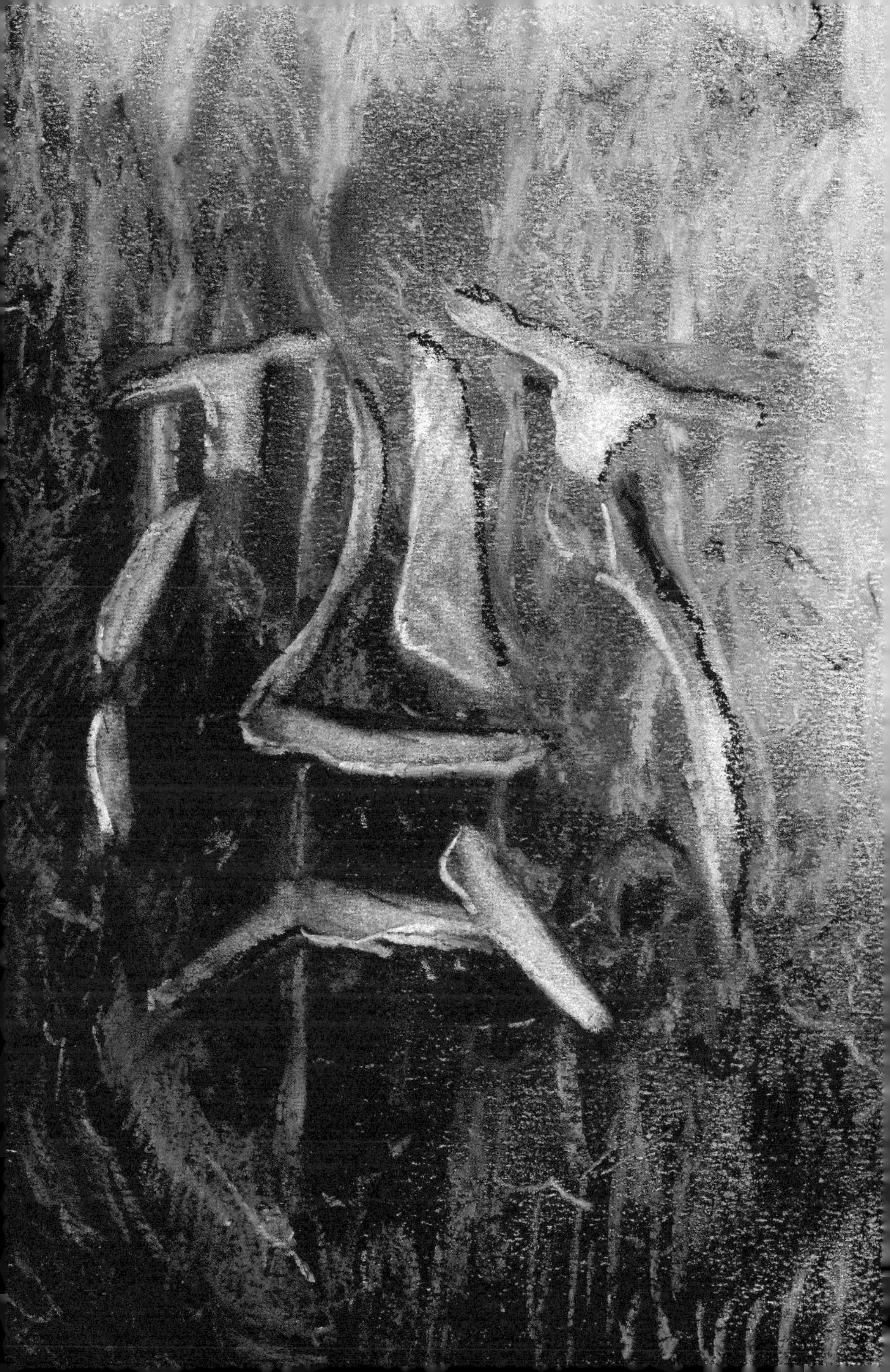

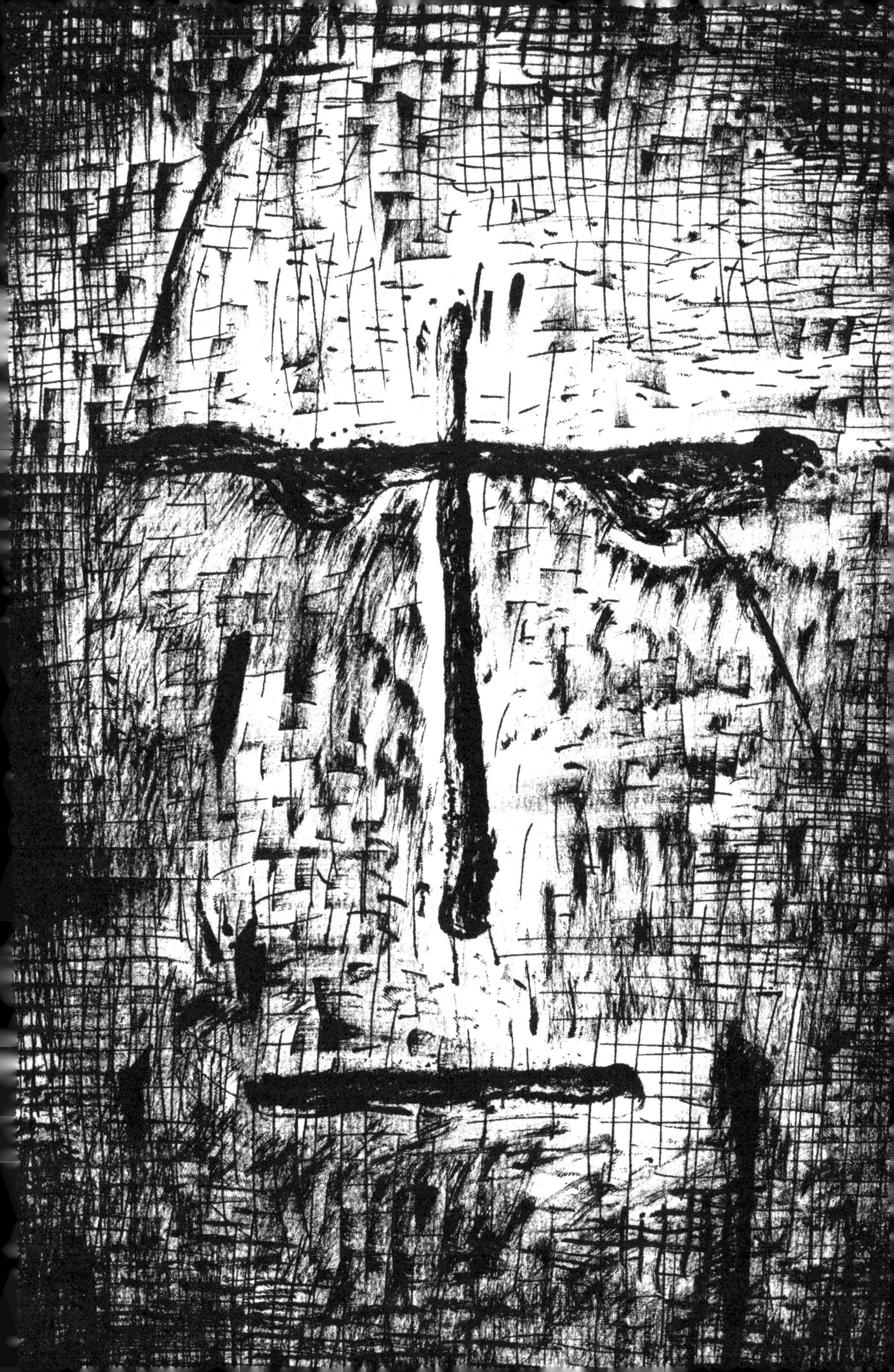

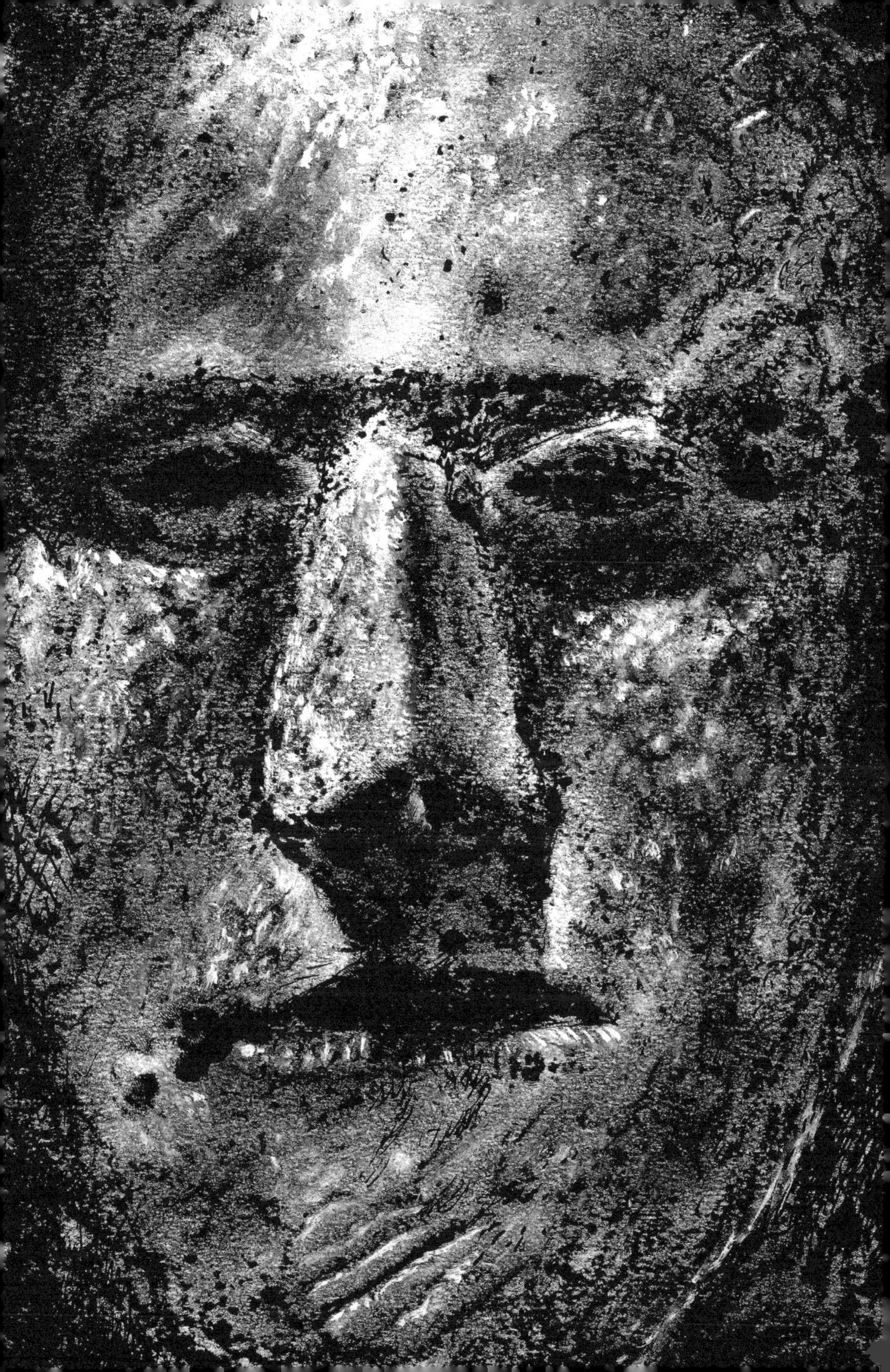

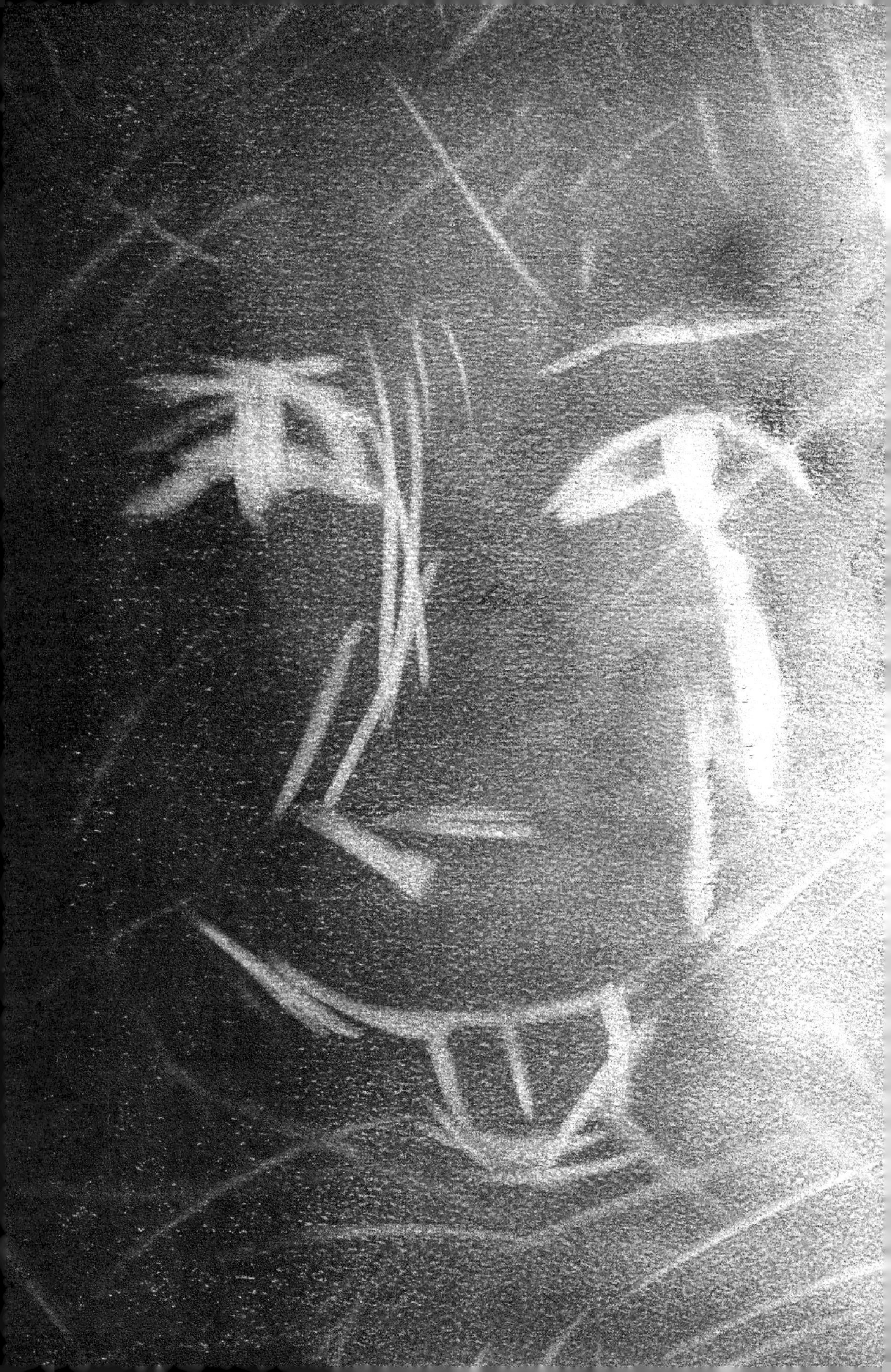

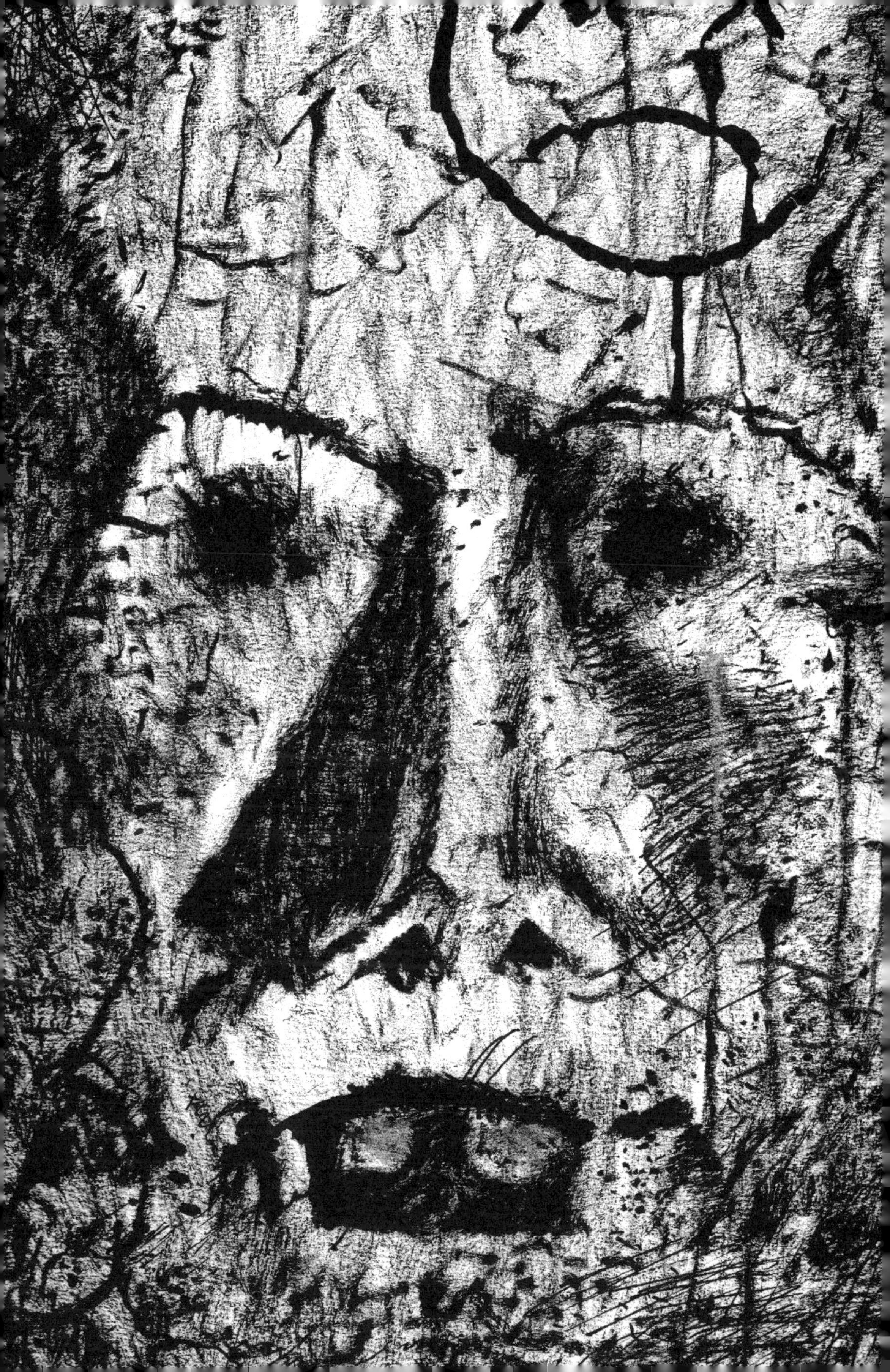

Mieko Meguro

Artist, lives and works in New York,
www.miekomeguro.com

If you were a portrait? Difficult.

Who do you like to draw? I don't know at the moment.
I have lost my wonderful model Dan Graham. He was my muse.

Who would you choose to make your portrait? Henri Matisse.

The perfect portrait? *Mona Lisa and Train* Thomas & Friends.

Your spitting image? Mischievous.

The impossible portrait? Francis Bacon.

P. 31 : *Dan in cats.*
P. 32 & 33 : *Dan, fuck kale.*
All works : graphite on paper, 25 x 17,2 cm, 2019.
Courtesy Marian Goodman, Paris.

Dan in cats
Miéla © sept 2019

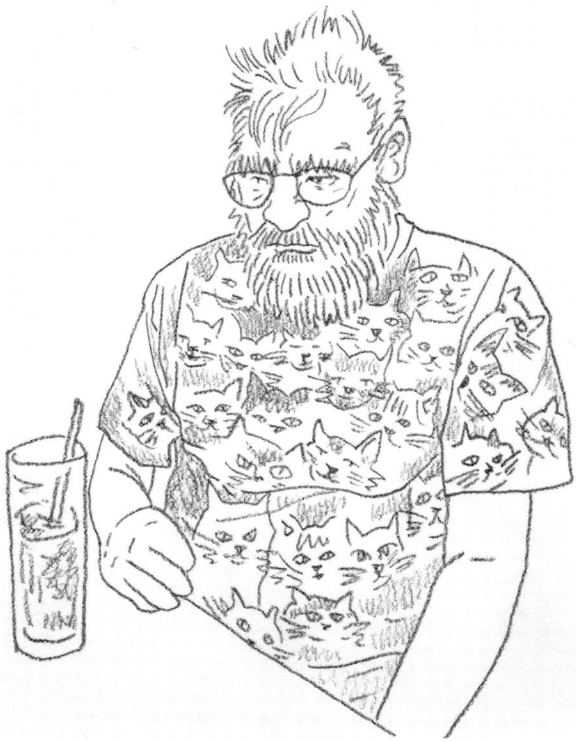

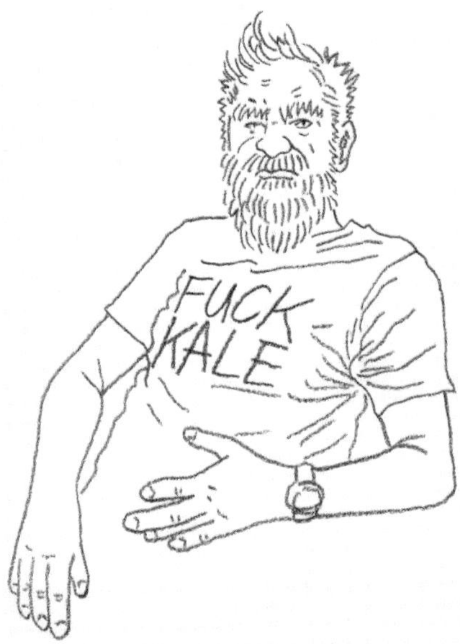

Fuckkale, Dan
Sept
2019

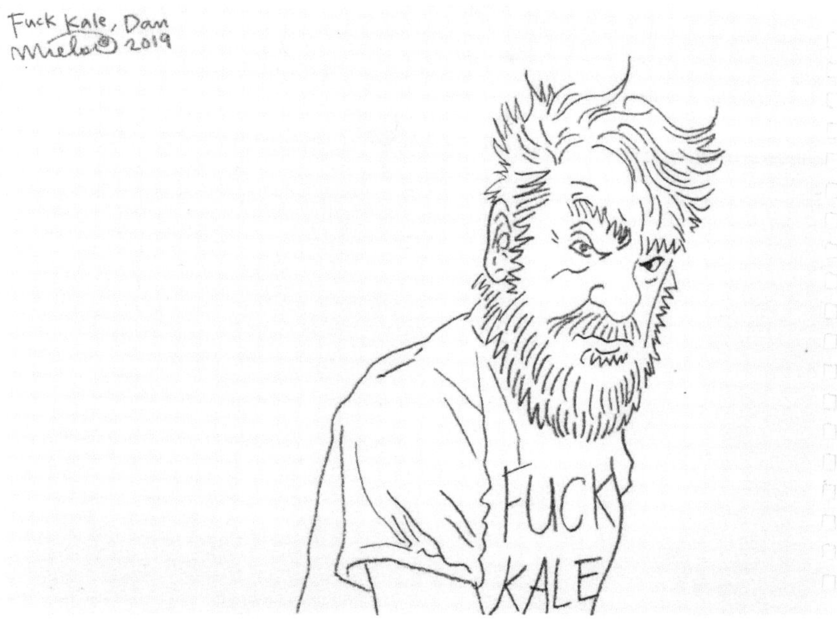
Fuck Kale, Dan
Mielo © 2019
FUCK
KALE

Robin Wen

Artiste, né en 1994, vit et travaille à Bruxelles, www.robinwen.be

Si vous étiez un portrait ? Si j'étais un portrait, j'aimerais être une peinture abstraite. Sans être défini par des contours précis, guidé par instinct plutôt que par la logique ou les règles strictes.

Qui représenter ? Je suis issu du monde de la *free party*, celui des fêtes technos illégales et improvisées. Je représente cette communauté qui est souvent marginalisée. Je choisis généralement mes proches comme modèles, des personnes ordinaires dont l'histoire est ignorée. Je m'amuse à les mettre en valeur avec une technique dite « noble » et académique, à donner aux sujets plus de place et une dimension poétique.

Le portrait parfait ? Le portrait parfait pour moi serait de capturer l'essence de la personne tout en étant esthétiquement beau. Un portrait qui attire l'attention, qui crée une connexion émotionnelle avec le spectateur. Le portrait parfait reflète d'une manière authentique sa personnalité, son histoire. Sans être une reproduction exacte des traits physiques, mais incluant des éléments de l'environnement permettant de comprendre la personne en tant qu'individu.

Votre portrait craché ? On m'a déjà dit que je ressemblais à Foujita avec mes lunettes rondes !

Le portrait impossible ? Représenter quelque chose qui n'a pas de forme physique, des idées abstraites. Une personne qui n'a jamais existé pourrait aussi être l'objet d'un portrait impossible. Les portraits de dos sont également des portraits impossibles dans un sens. En l'absence de visage et sans connaître l'identité de la personne, le portrait est marqué par les éléments visibles.

P. 35-37 : *Blue rave*, 18,5 x 24 cm, 2023.
P. 38 : *Entremêler*, 24,5 x 20,5 cm, 2022.
P. 39 : *Entremêler*, 18 x 19,5 cm, 2022.

Tous les dessins : stylo à bille sur papier. Courtesy de l'artiste et Un-Spaced Gallery.

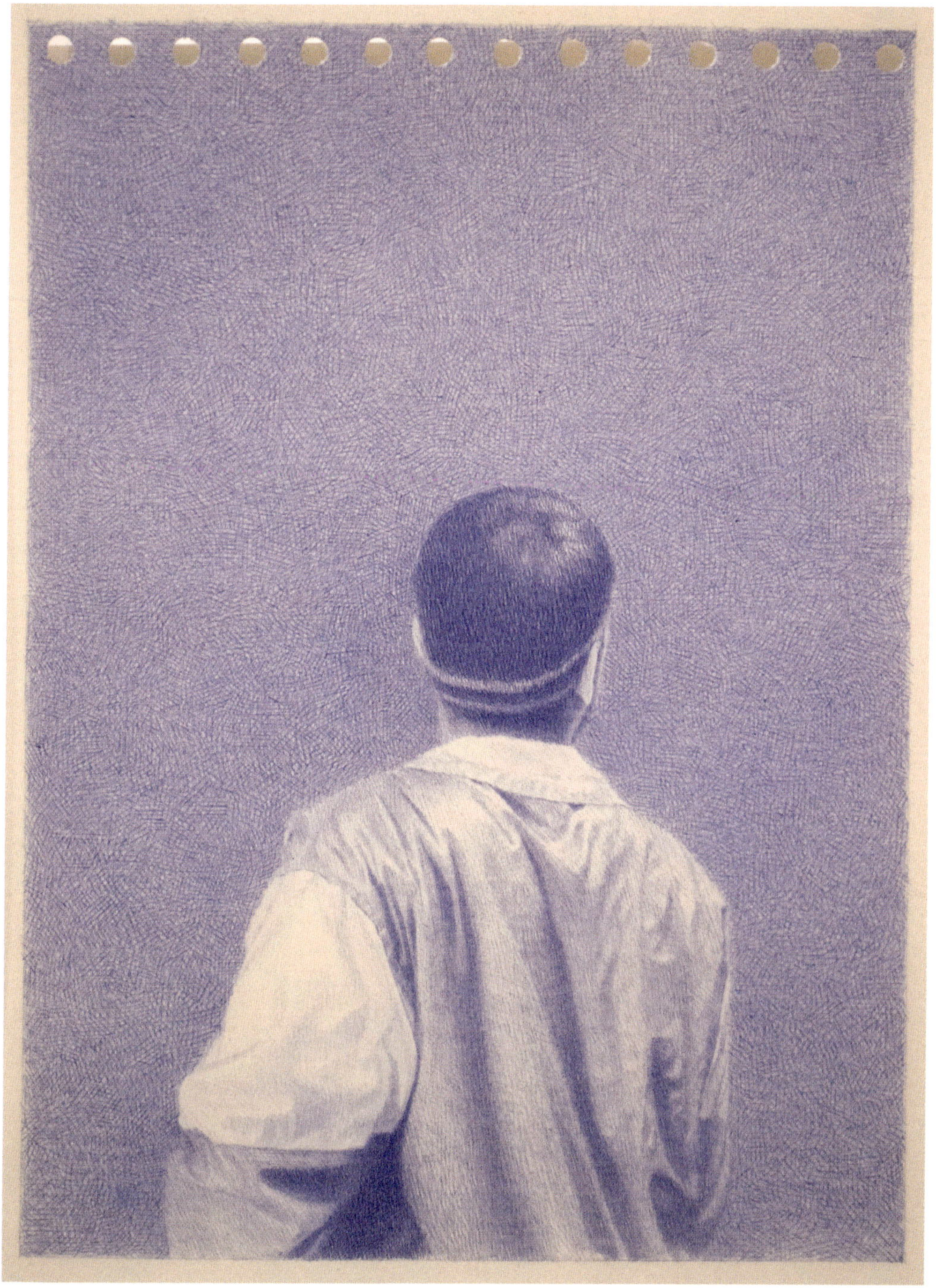

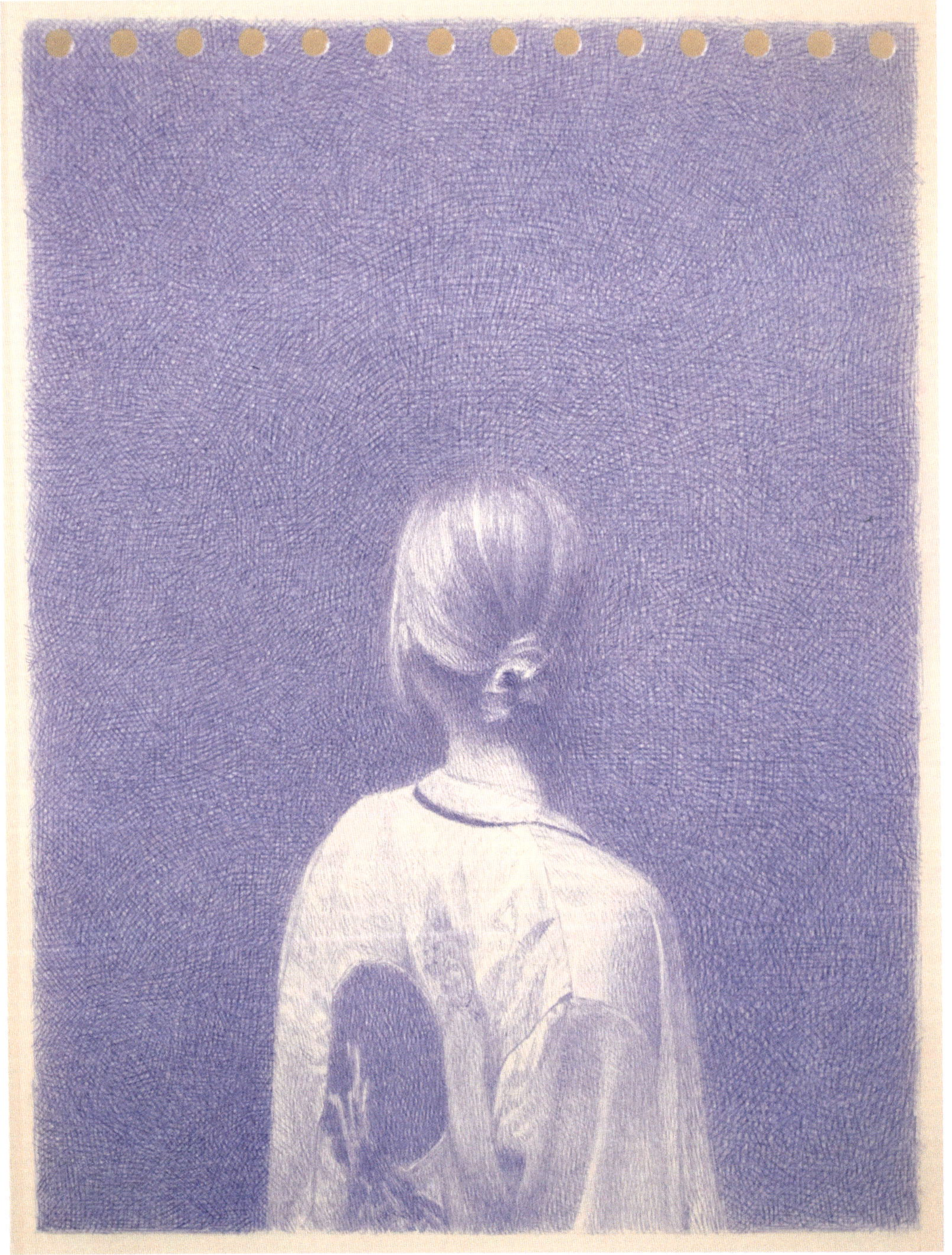

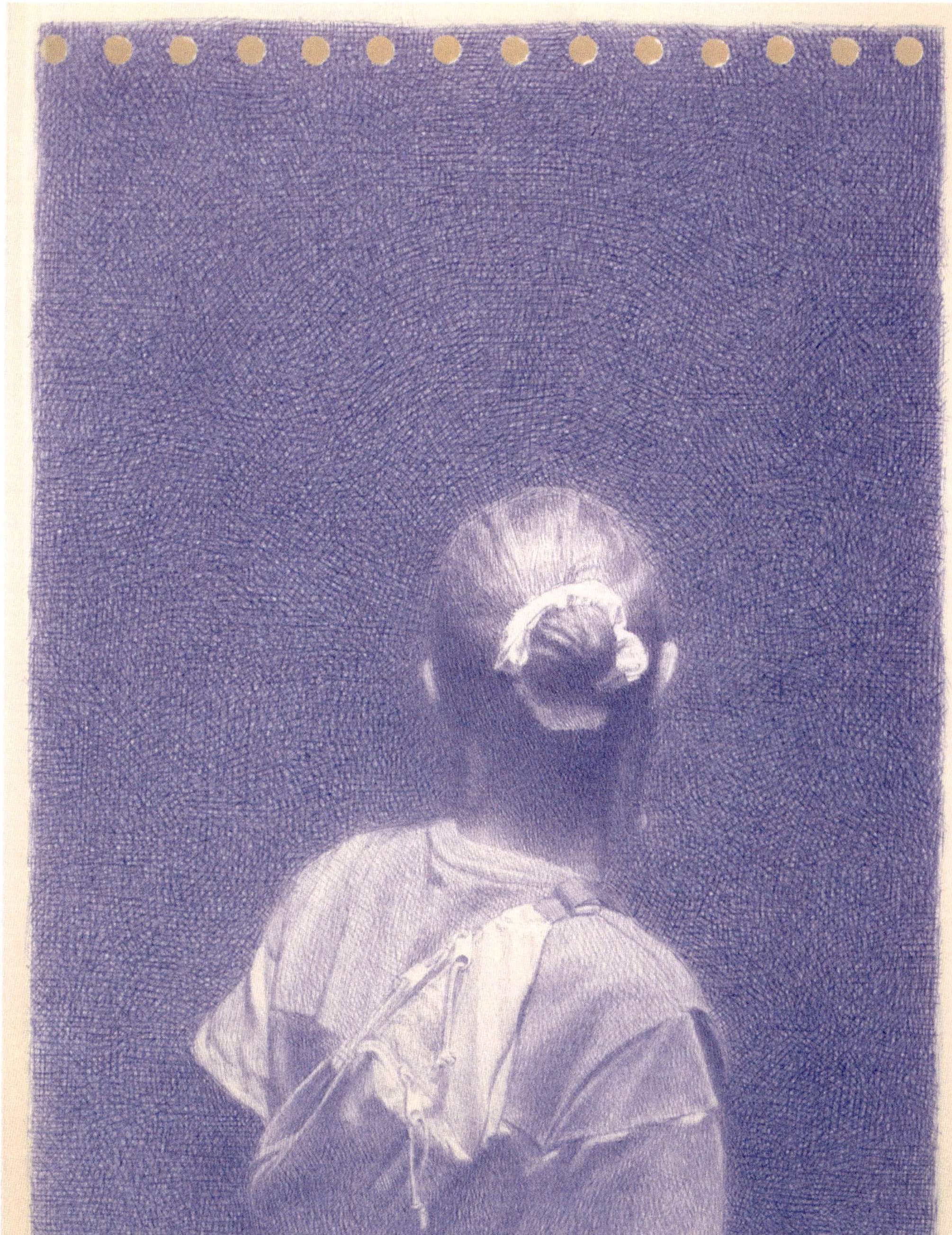

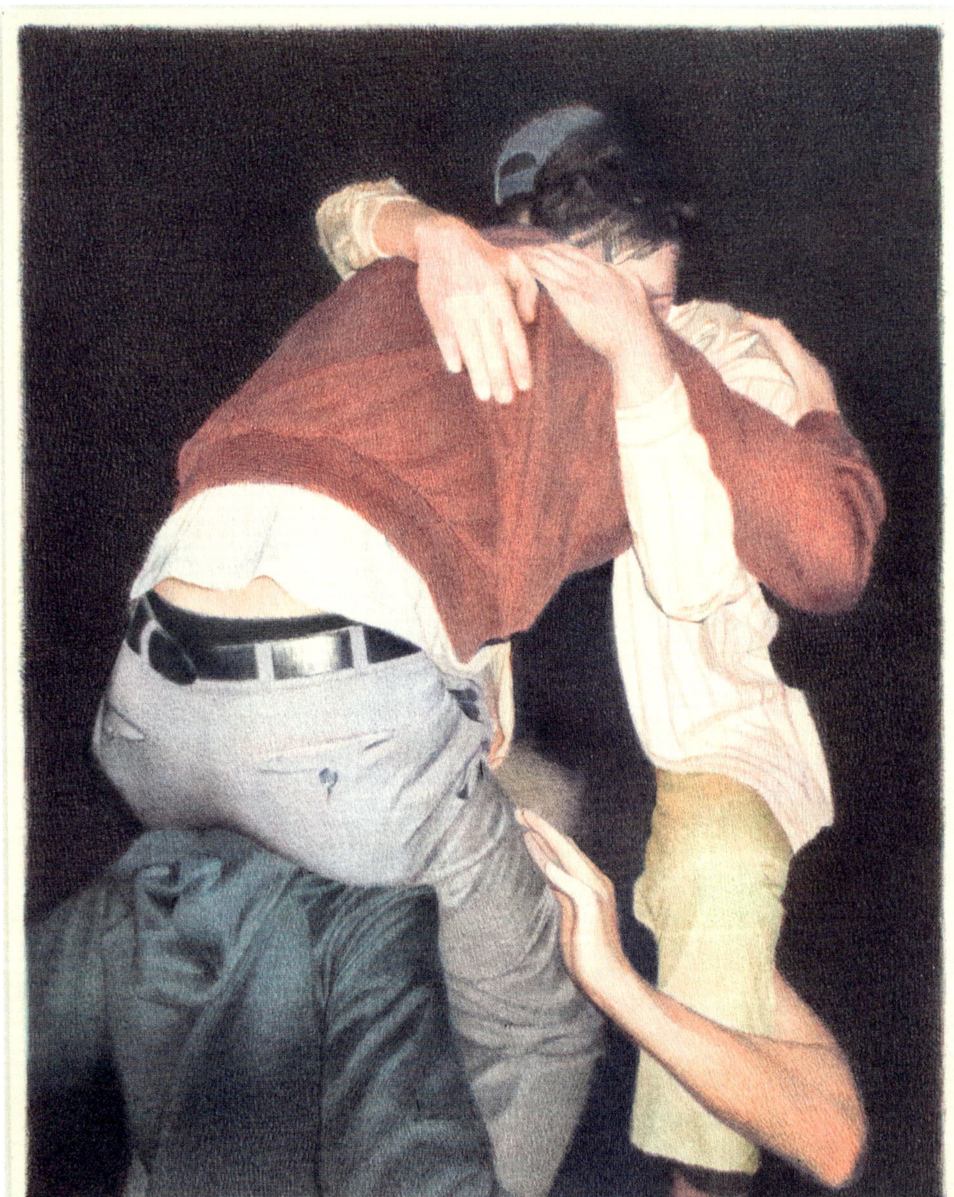

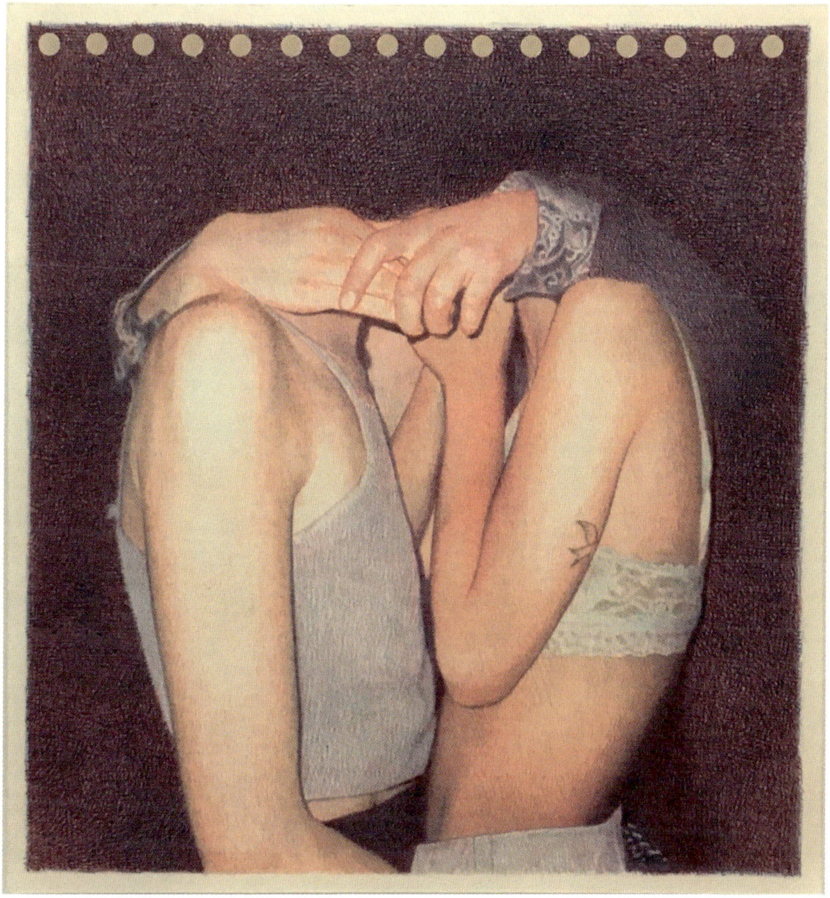

Sophie Barber

Artist, born in 1996, lives and works in Hastings,
www.alisonjacques.com

If you were a portrait? Does it have to be a painting?
If I were a portrait I'd be painted by Alice Neel and photographed by Juergen Teller.

Who do you like to draw? I'd like to draw my grandma Pat, she's dead now, but she had a real character that would be fun to draw, however I'm not sure a photograph or painting of any sort would do her justice.

Who would you choose to make your portrait? David Hockney would do a good one wouldn't he, with me and my dogs.

The impossible portrait? Anything with loose edges I find difficult, beards that are too long no definition, awkward.

P. 41 : *Justin loves gardeners world and monty don*, 295 x 212 cm, 2021.
P. 42 : *Howard Hodgkin in Tangier*, 12 x 17 x 3,5 cm, 2022. Courtesy Collection of Hilary and James McQuaide.
Michael Dean loves painting, 12 x 17 x 3,5 cm, 2022.
P. 43 : *Claude's lilies by Alex Katz and by me*, 13 x 20 x 4,5 cm, 2022.
Edvard Munch loves his dogs so much, 19 x 22,8 x 7 cm, 2022.
P. 44-45 : *David loves his dachund to death*, 200 x 180 cm, 2022. Courtesy The collection of Pamela and David Hornik.
All works : oil on canvas.
Courtesy Alison Jacques, London.
Photos : Michael Brzezinski.

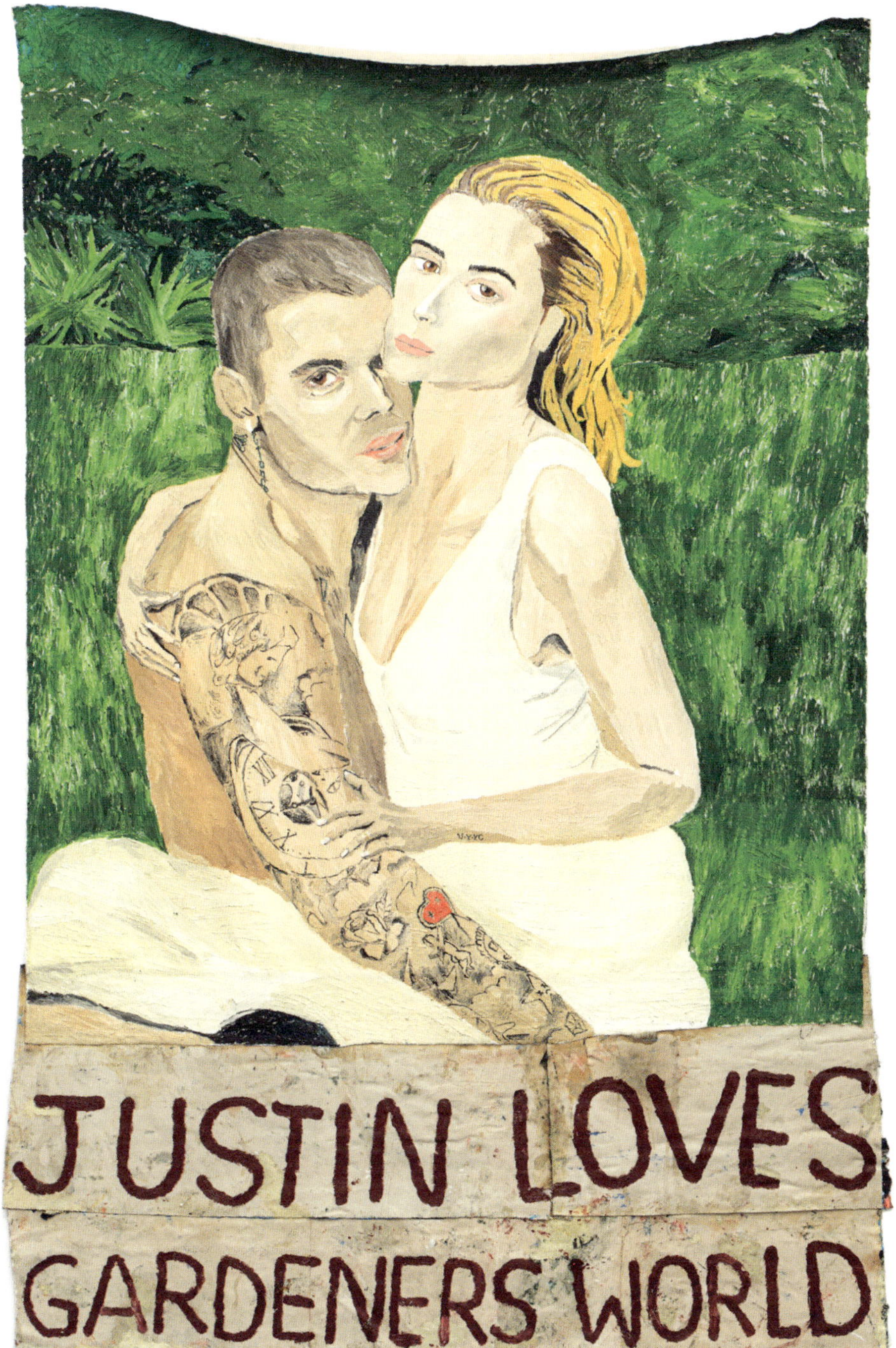
JUSTIN LOVES
GARDENERS WORLD

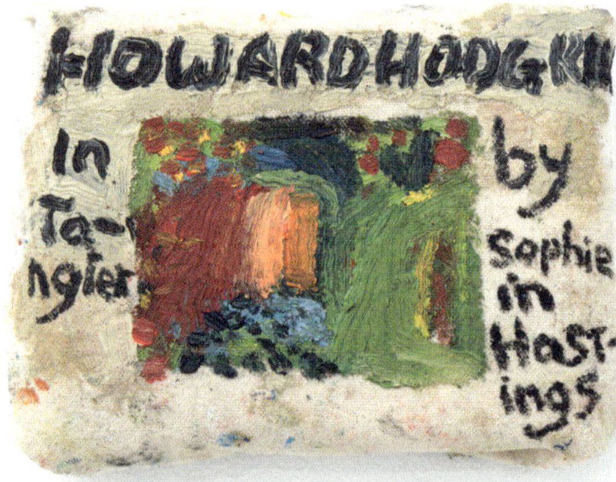
HOWARDHODGKIN
In Ta-ngier
by sophie in Hast-ings

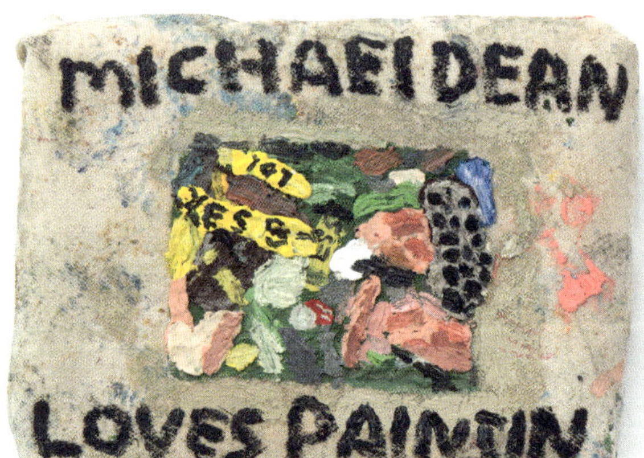
MICHAEL DEAN
LOVES PAINTIN

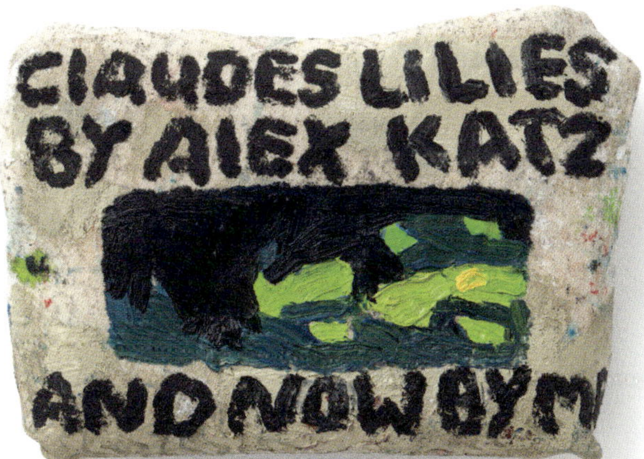
CLAUDES LILIES
BY ALEX KATZ
AND NOW BY M

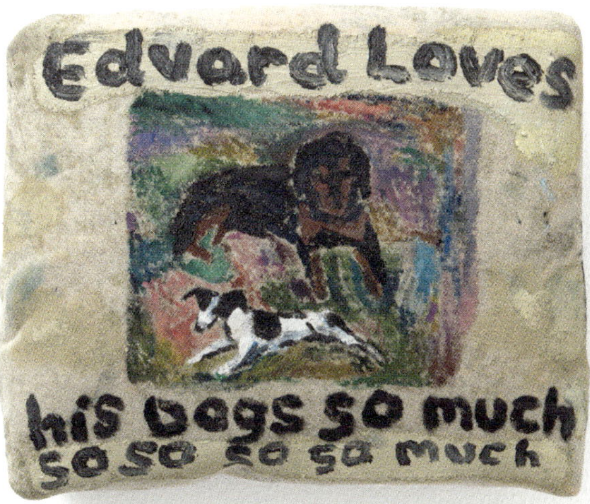
Edvard Loves
his dogs so much
so so so so much

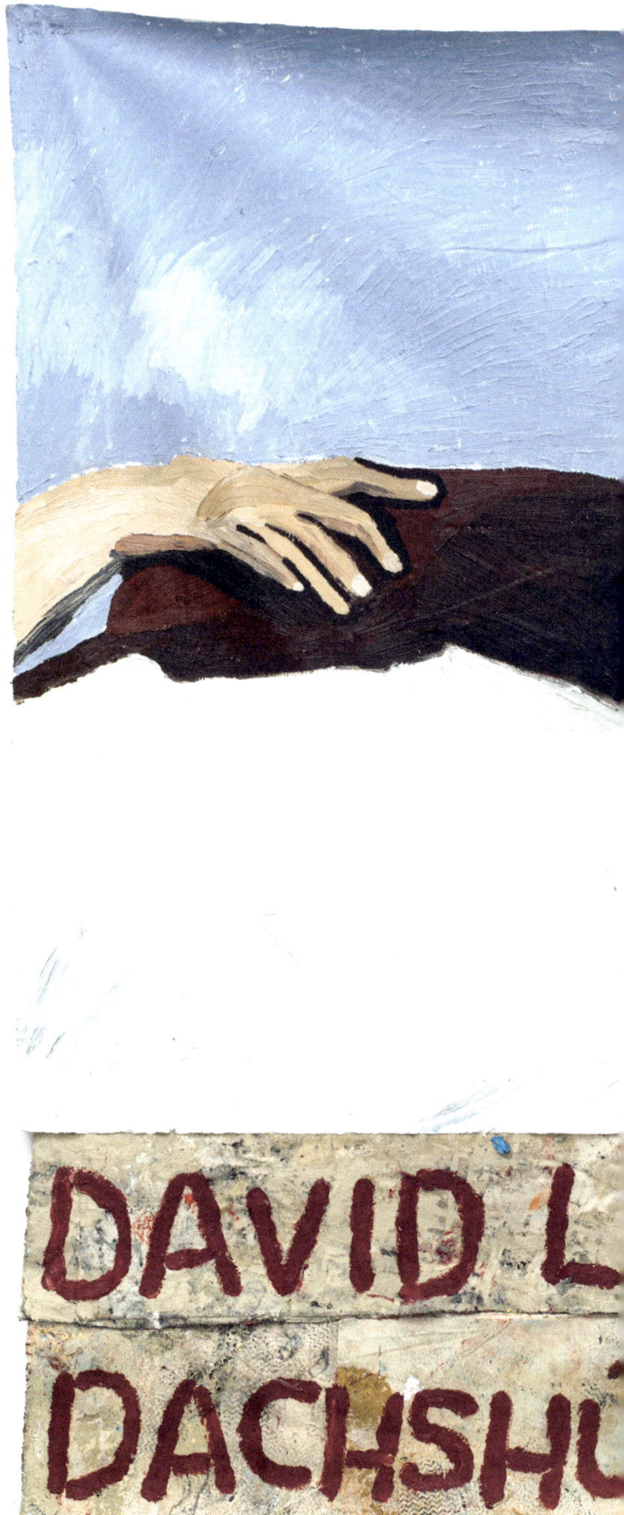
DAVID L
DACHSHU

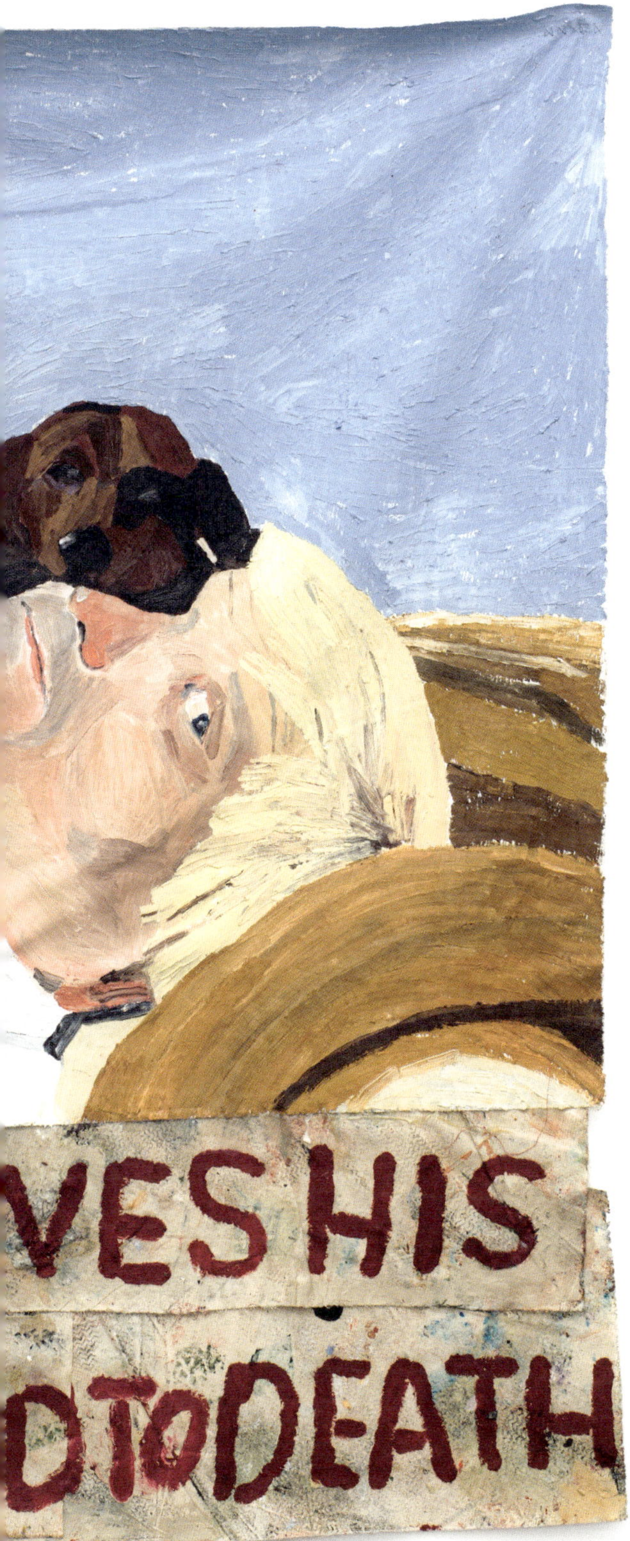
VES HIS
DTO DEATH

Mo Vleeshouwers

Drawer and musician, born in 1989,
lives and works in Montréal, @mooovooom

If you were a portrait? I would silently gaze at people when they passed me by on the staircase.

Who do you like to draw? Most of my urges to draw come from concepts such as consciousness, mental distress, determinism, biology and history, to name a few. The characters are more like vehicles for ideas as long as they please me aesthetically and fit the underlying idea.

Who would you choose to make your portrait? That painting elephant known from the Instagram reels.

The perfect portrait ? I once painted my mom, it was a great success, spot on. Afterwards we had a big argument and I deliberately changed the portrait to look ugly, a bit like how you would imagine Dorian Gray's portrait looked at the end. She was unaware of the changes I made and has kept the painting in her bedroom ever since, in all of its ugliness, portraying our falling-out.

Your spitting image? Lucky Luke, before they took away his cigarette.

The impossible portrait? If the circle is a two dimensional representation of a sphere, the impossible portrait would be what a three dimensional face is a representation of.

P. 47 : *Lucidity*, fine marker on paper, 15 x 20 cm, 2022.
P. 48 : *June*, graphite on paper, 15 x 20 cm, 2023.
P. 49 : *The selfish gene*, graphite on paper, 20 x 25 cm, 2023.
P. 50 : *Study of an unknown marble bust*, watercolor on paper, 15 x 20 cm, 2022.
P. 51 : *Genesis*, graphite on paper, 10 x 19 cm, 2023.
Courtesy of the artist.

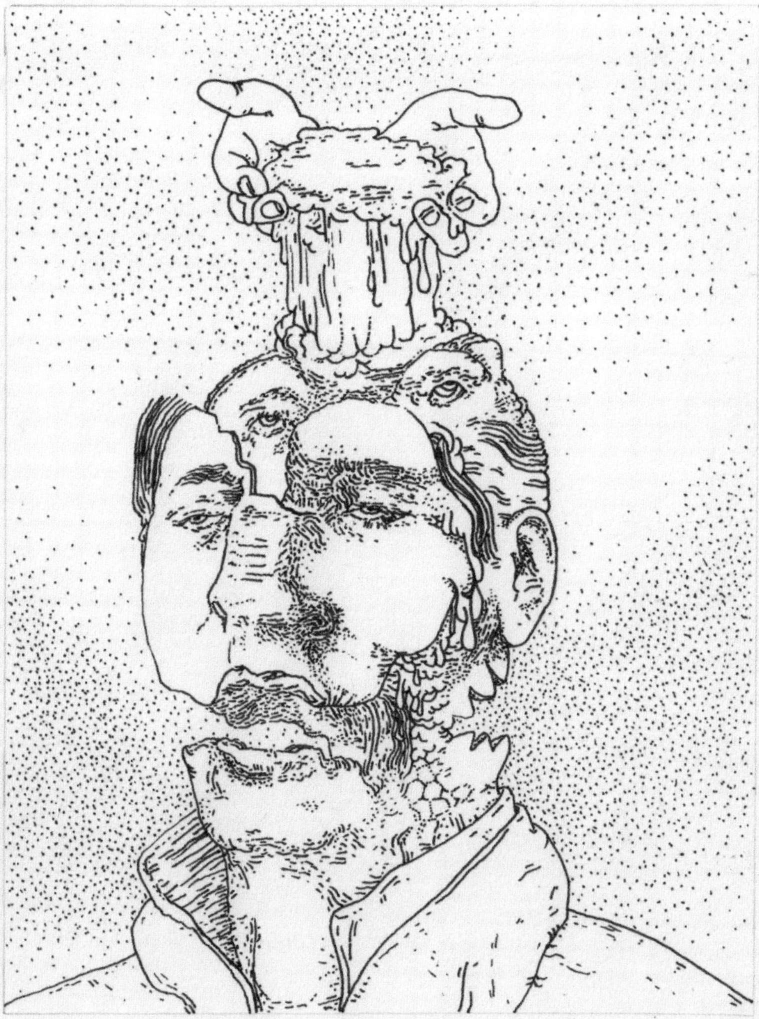

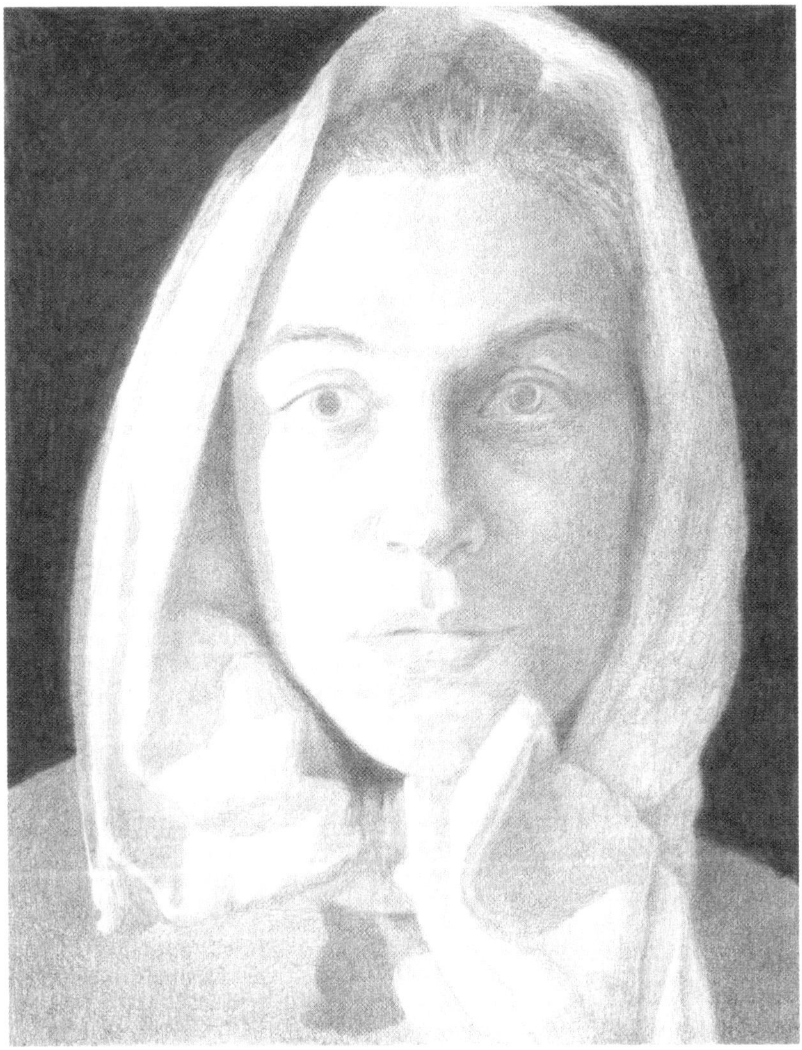

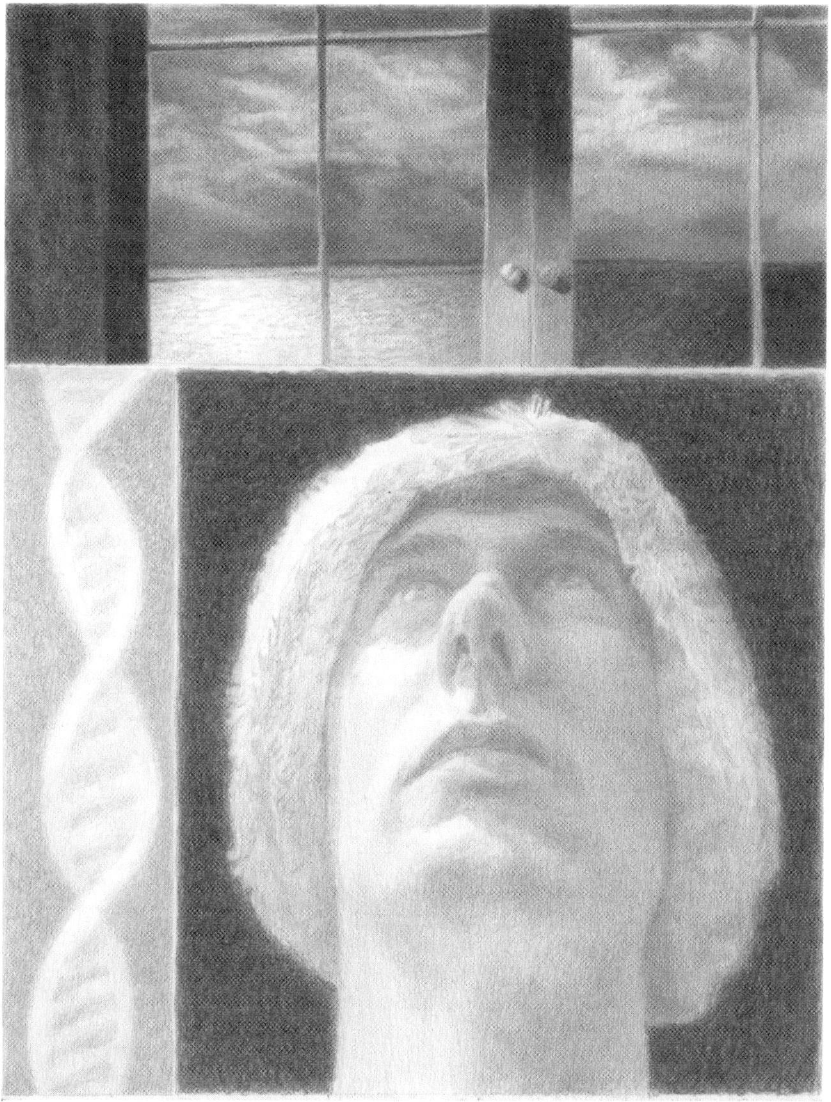

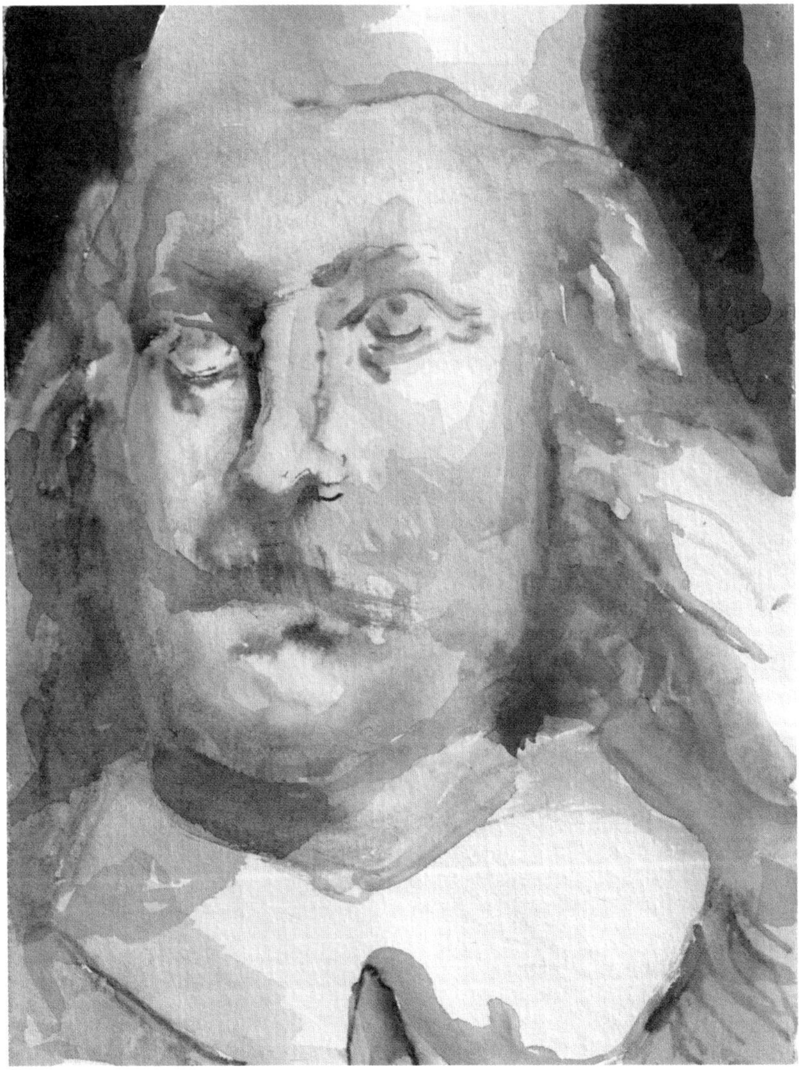

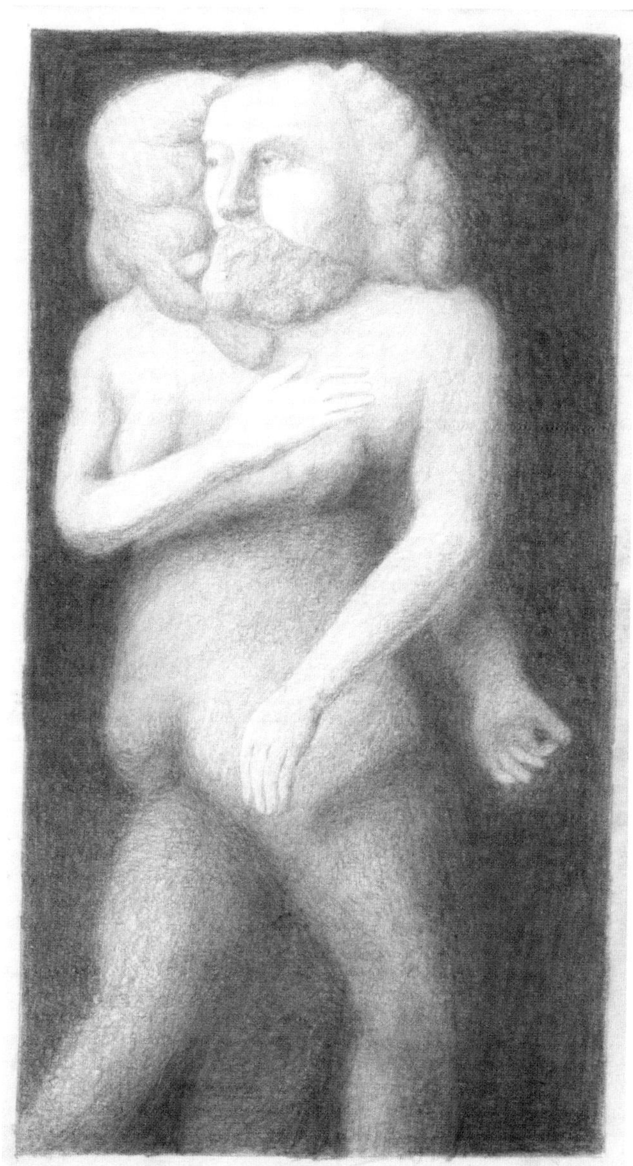

Saint Brush

Artist, born in 1980, lives and works in Edeldorf, @saintbrush80

If you were a portrait? I would be the self-portrait of Albrecht Dürer in the Alte Pinakothek in Munich. That would mean that I've finally managed to grow my hair long.

Who do you like to draw? I prefer to draw people I don't know personally.

Who would you choose to make your portrait? Lucian Freud.

The perfect portrait? Is there a perfect one?

Your spitting image? Didn't find yet.

The impossible portrait? Everything is possible.

P. 53 : *Untitled (Green Leaves)*, 38 x 28,6 cm, 2021.
P. 54 : *Untitled (Sarah)*, 38,2 x 28,6 cm, 2021.
P. 55 : *Untitled (Lovis)*, 38 x 29 cm, 2023.
P. 56 : *Untitled (Sunday Smoke)*, 29,5 x 22,2 cm, 2022.
P. 57 : *Untitled (Nio)*, 31 x 23,3 cm, 2022.
All works : acrylic on Arches paper.
Courtesy of the artist.

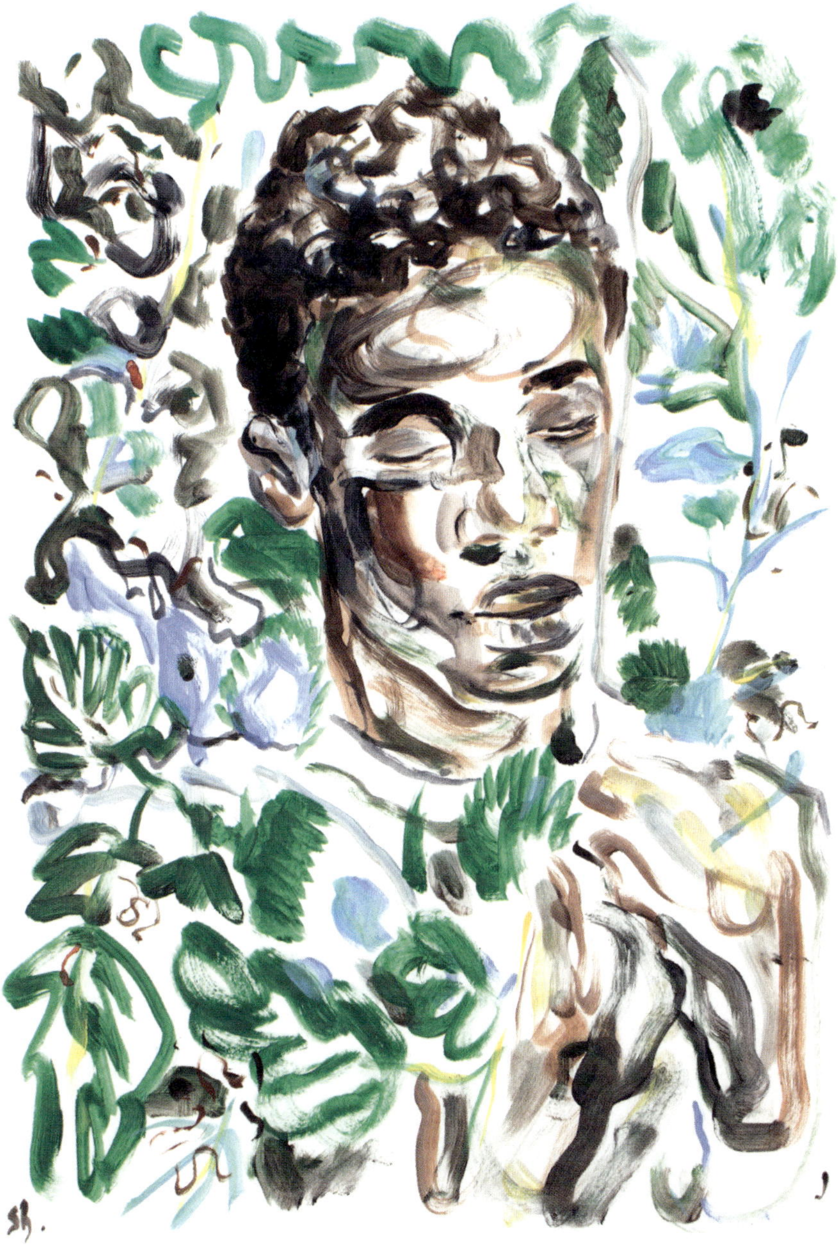

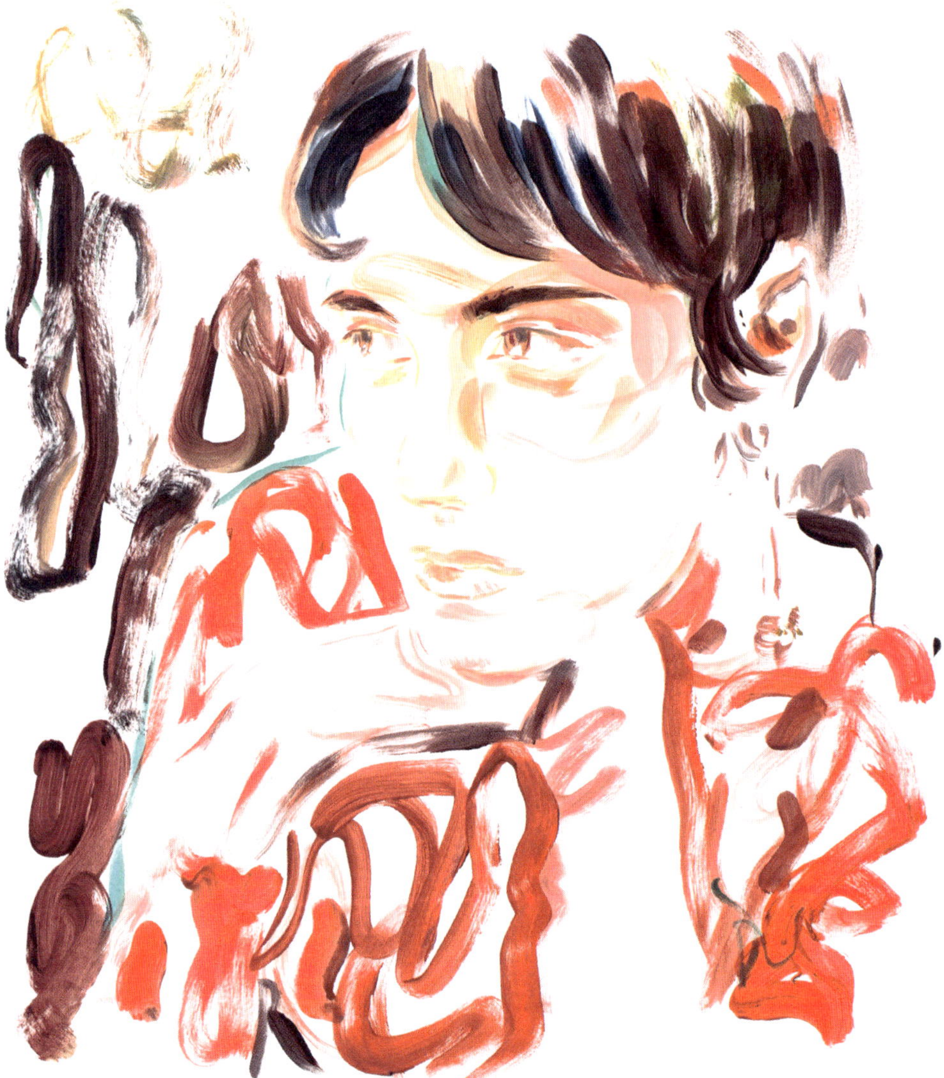
SB.

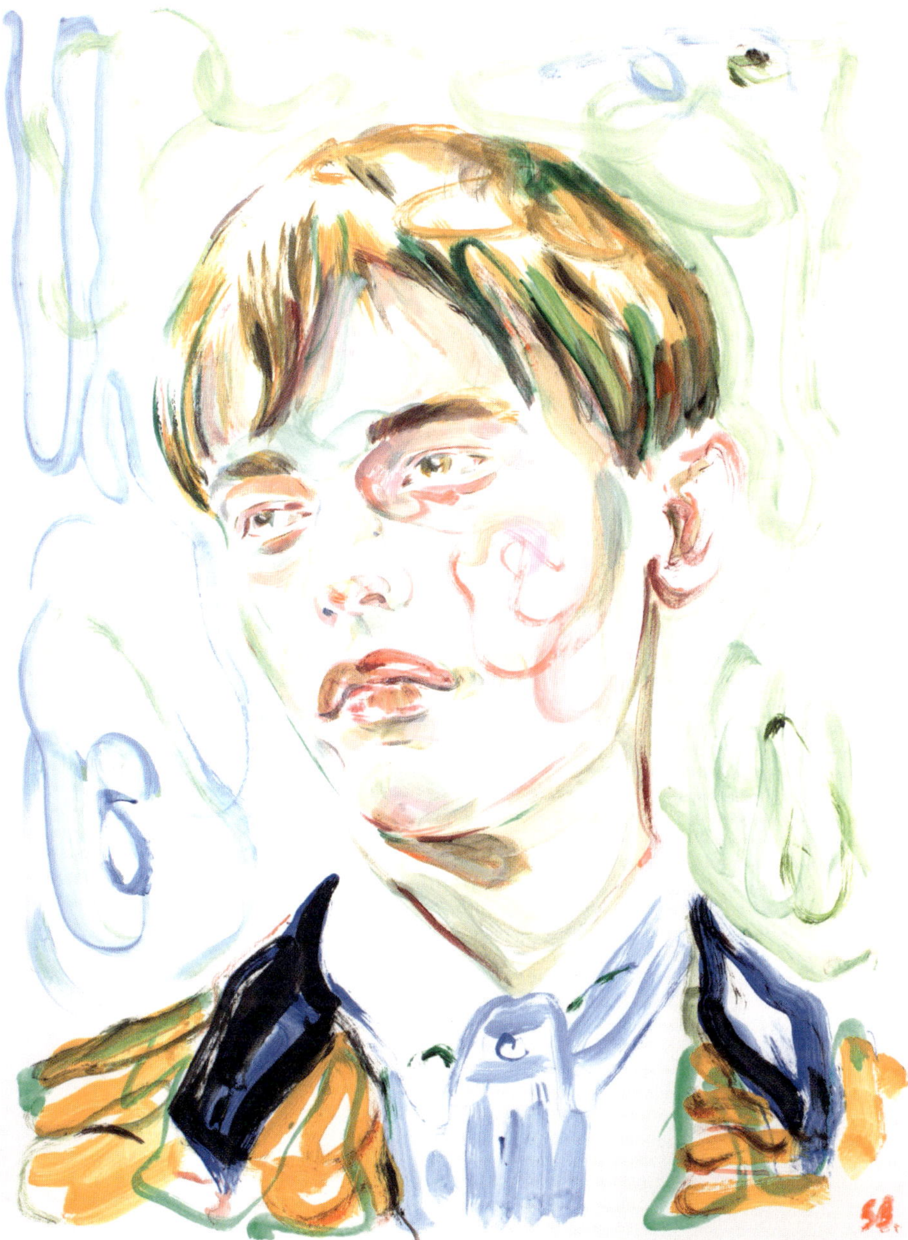
SB.

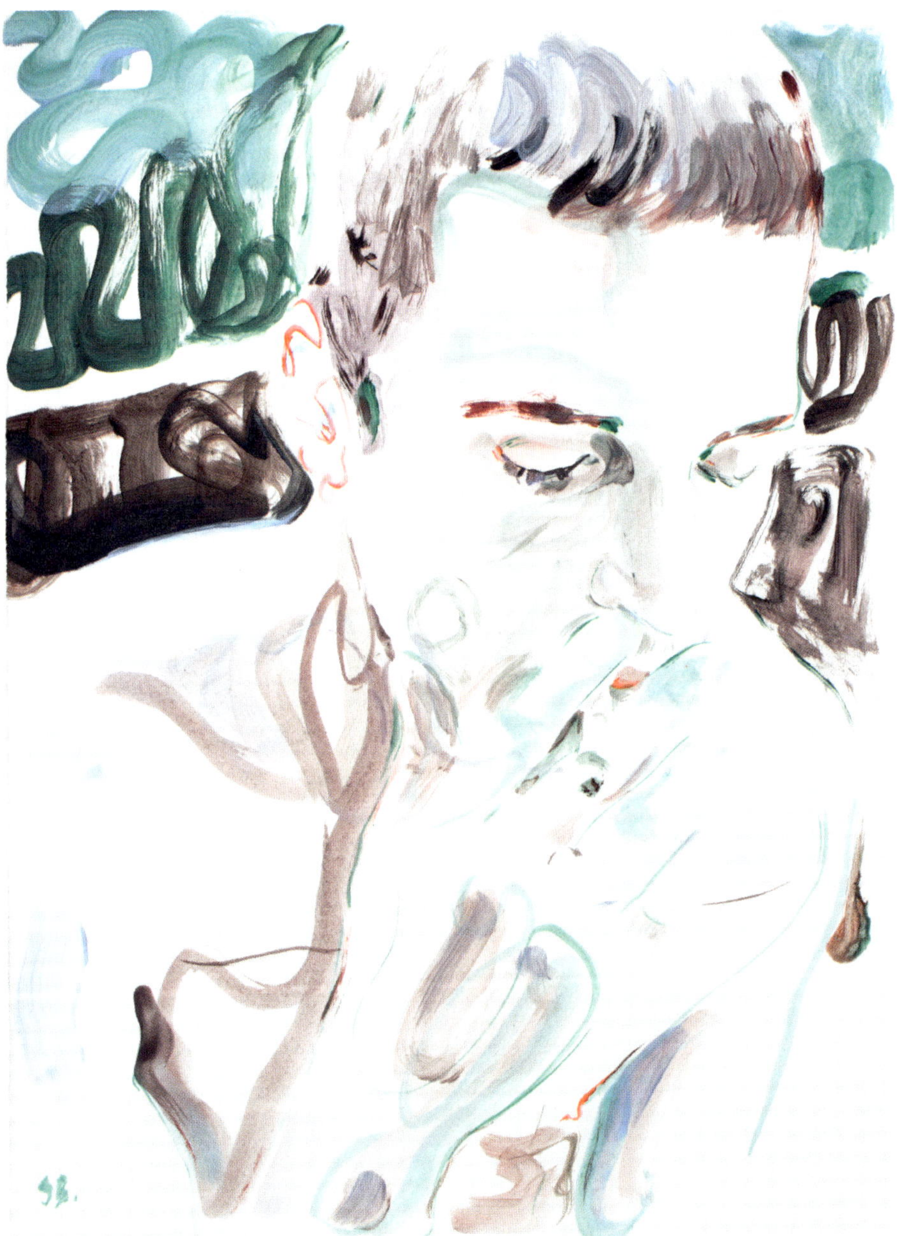
SB.

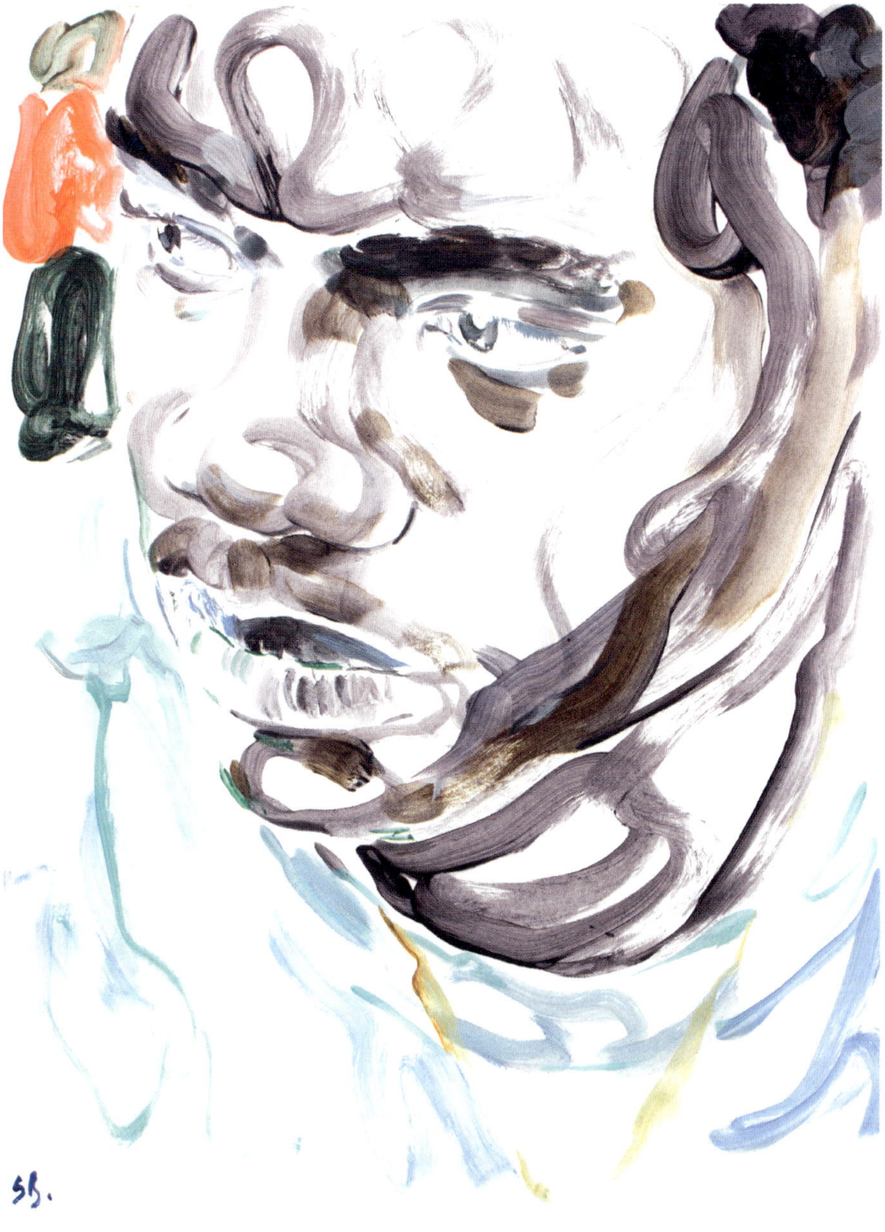
SB.

José Lerma

Artist, born in 1971, lives and works in San Juan and Chicago,
@jose_lerma_studio

If you were a portrait? Whenever I have done self-portraits, they ended as brutal caricatures. I will try to be kinder to myself in the future.

Who do you like to draw? I used to paint economists and financiers from other centuries, and now I am painting friends and neighbors. In the future, I would like to paint other artists.

Who would you choose to make your portrait? Dead: Alice Neel. Living: Chantal Joffe.

The perfect portrait? A convincing portrait made with only one brushstroke. I've gotten it down to two.

Your spitting image? My mom thinks I look like Vélasquez.

The impossible portrait? I am not religious, but I would love to paint portraits of historical biblical figures because they are some of the most depicted people in history. Maybe western art would be different had we known what they looked like.

P. 59 : *Ana Elvira.*
P. 60 : *Erika.*
P. 61 : *Marta.*
All works : acrylic on polypropylene paper, 213,36 x 152,4 cm, 2022.
Photos: Raphael Salazar.
Courtesy of the artist and DiabloRosso.

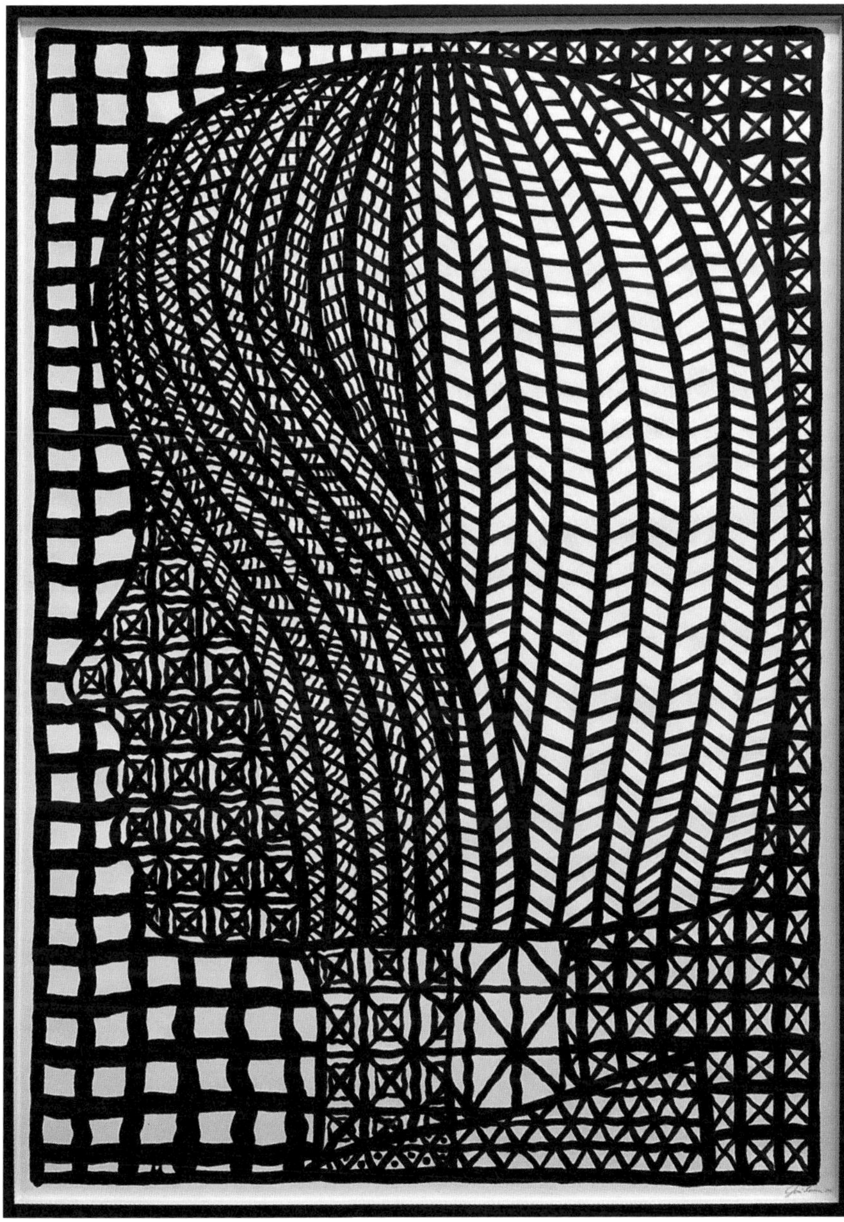

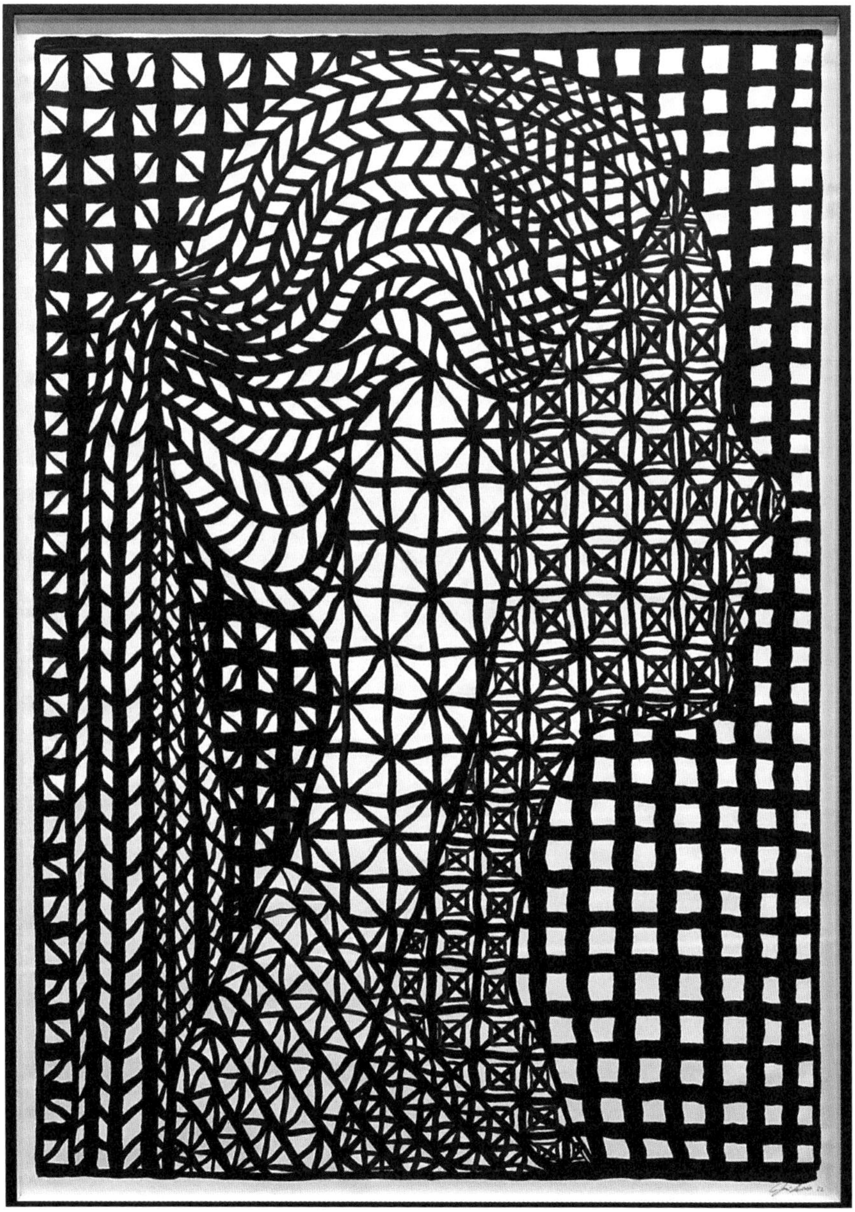

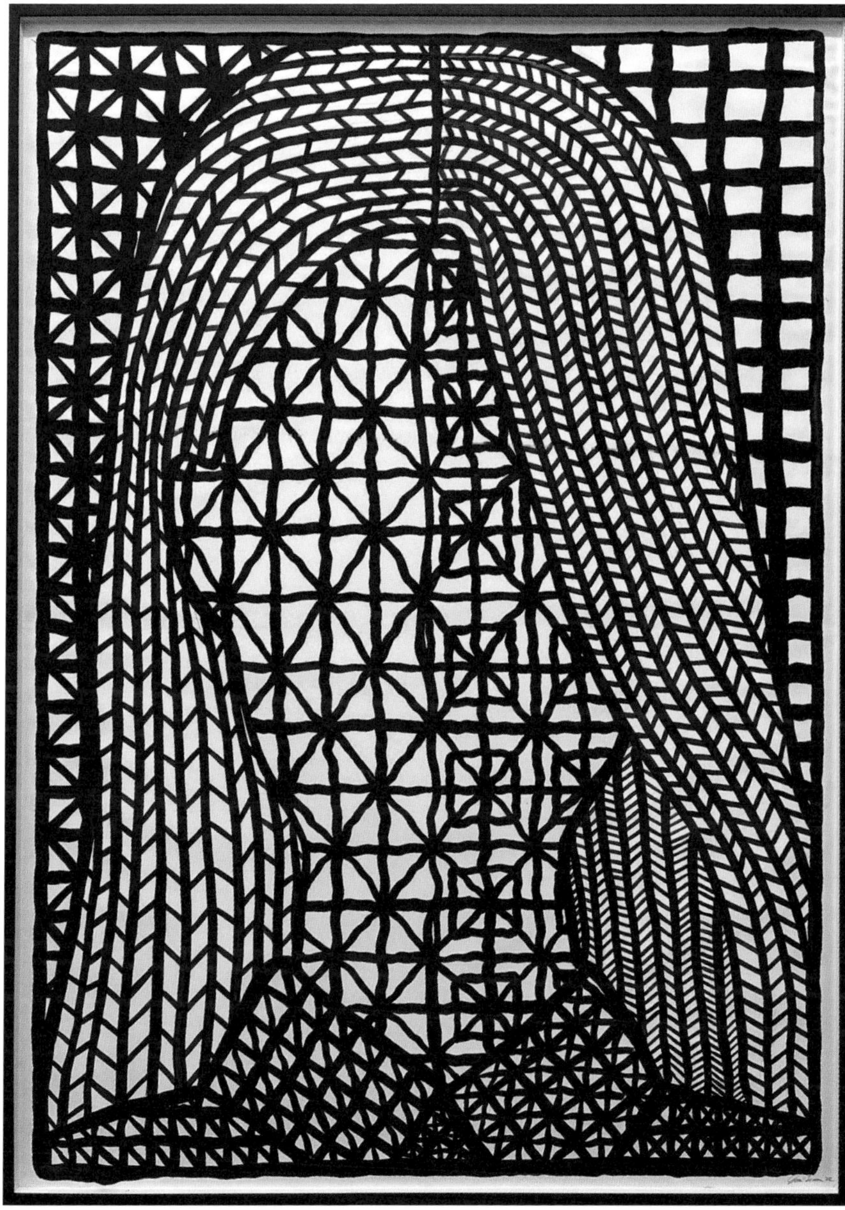

Alice Guittard

Artiste, née en 1986, vit et travaille entre Paris et Lisbonne,
www.aliceguittard.com

Si vous étiez un portrait ? La demoiselle de Villefranche dans la chapelle Saint-Pierre de Jean Cocteau.

Qui représenter ? Les femmes.

Qui pour vous représenter ? Francesca Woodman.

Le portrait parfait ? Judith par Le Caravage.

Votre portrait craché ? Jared Leto.

Le portrait impossible ? Arthur Cravan.

P. 63 : *Troisième œil (autoportrait)*, émulsion photosensible sur minéral, 27 x 17 x 3 cm, 2017.
P. 64-65 : *Vanda*, marqueterie de marbre, métal et inox, 30 x 50 x 2 cm chaque, 2021. Photo : Grégory Copitet.
P. 66 : *Lou*, émulsion photosensible sur minéral, 64 x 46 x 3 cm, 2017. Photo : Jean-Christophe Lett.
P. 67 : *Lisa*, marqueterie de pierres, 50 x 37 x 2 cm, 2022.
Courtesy de l'artiste.

VANDA

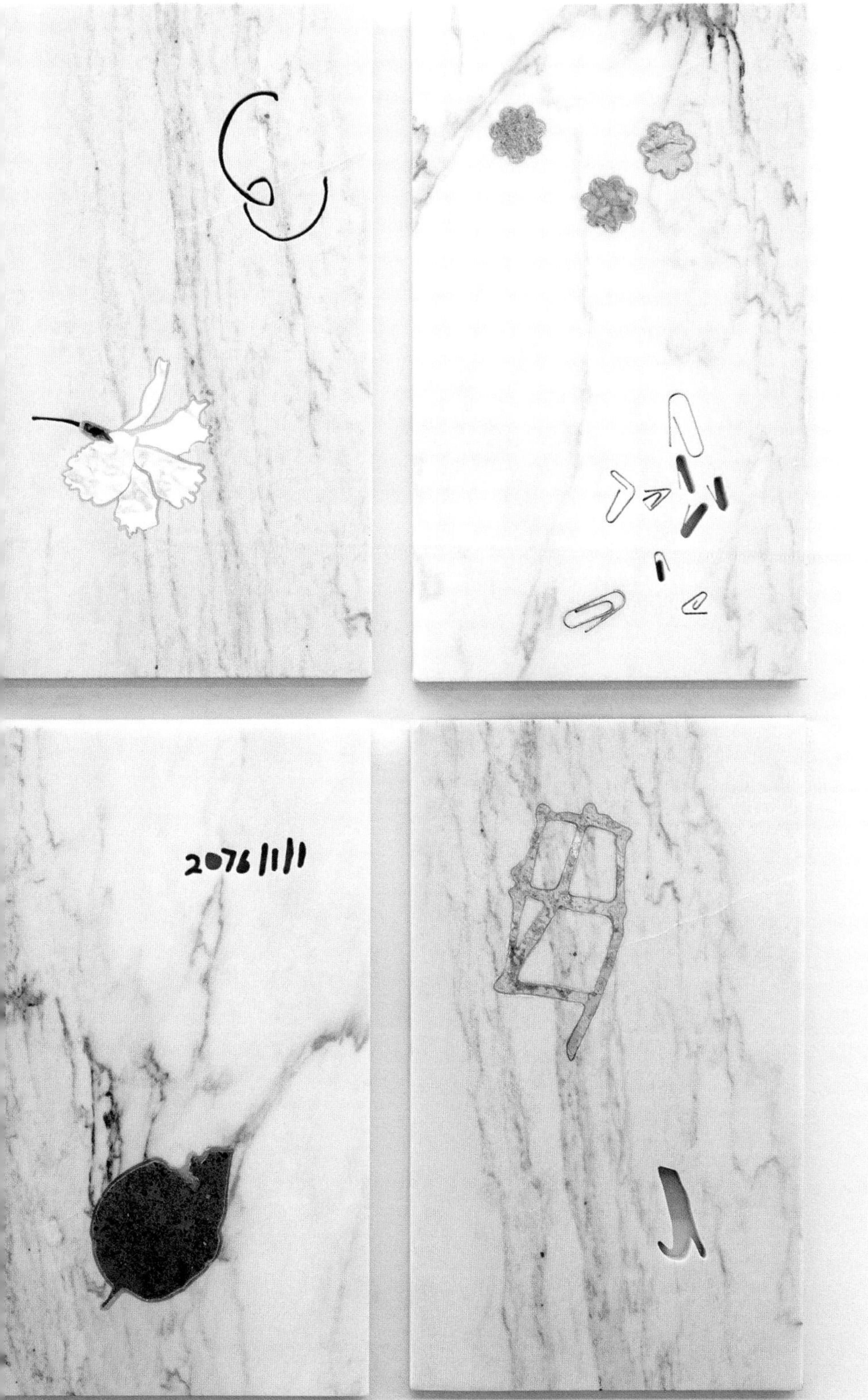

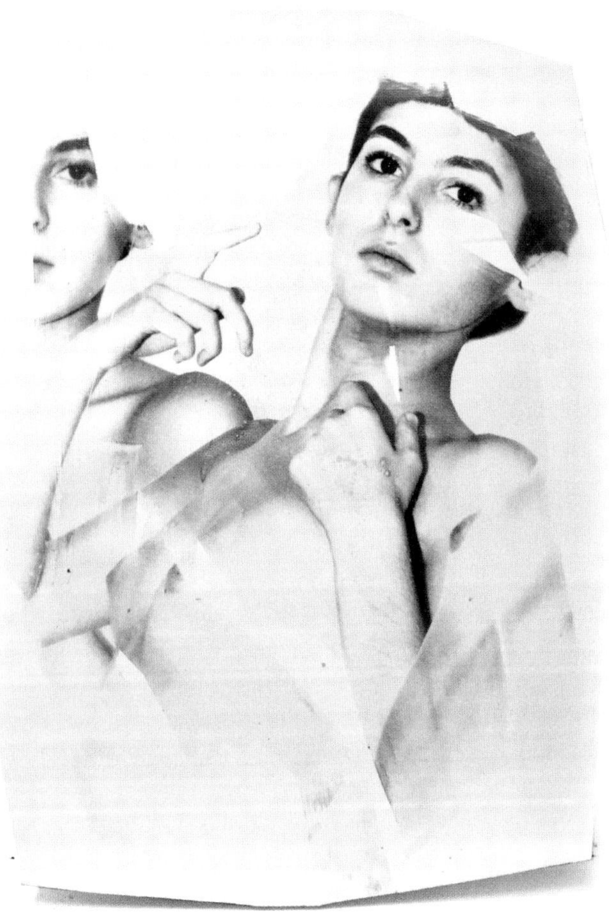

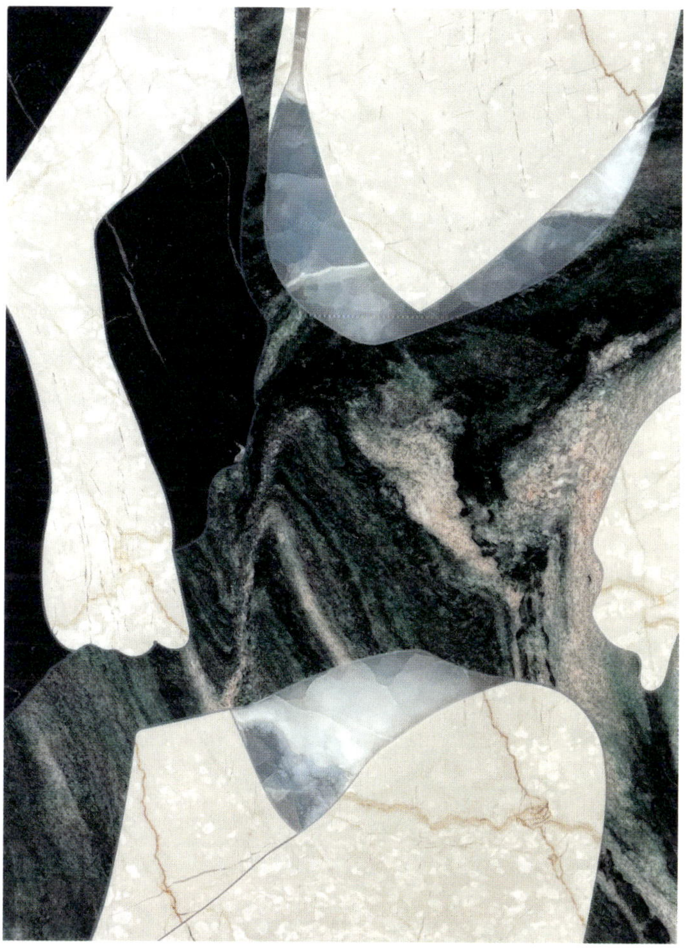

Gábor Pintér

Artist, born in 1983, lives and works in Budapest,
@gabor_painter

If you were a portrait? Like Bugs Bunny. I don't know. Around 2005-06 I drew a lot of self-portrait. I also sent you a newer one.

Who do you like to draw? Anyone.

Who would you choose to make your portrait? André Butzer.

The perfect portrait? Full of life.

Your spitting image? There is a portrait in one of my painting. Accidentally it looks a lot like one of my friend.

The impossible portrait? I can't imagine.

P. 69 : *Untitled (Self-portrait)*, 29 x 20,4 cm, 2020.
P. 70 : *A Neandertal looking at a laser beam*, 29 x 20,4 cm, 2022.
P. 71 : *Untitled*, 14 x 20,4 cm, 2021.
All works : colored pencil.
Courtesy of the artist and Longtermhandstand, Budapest.

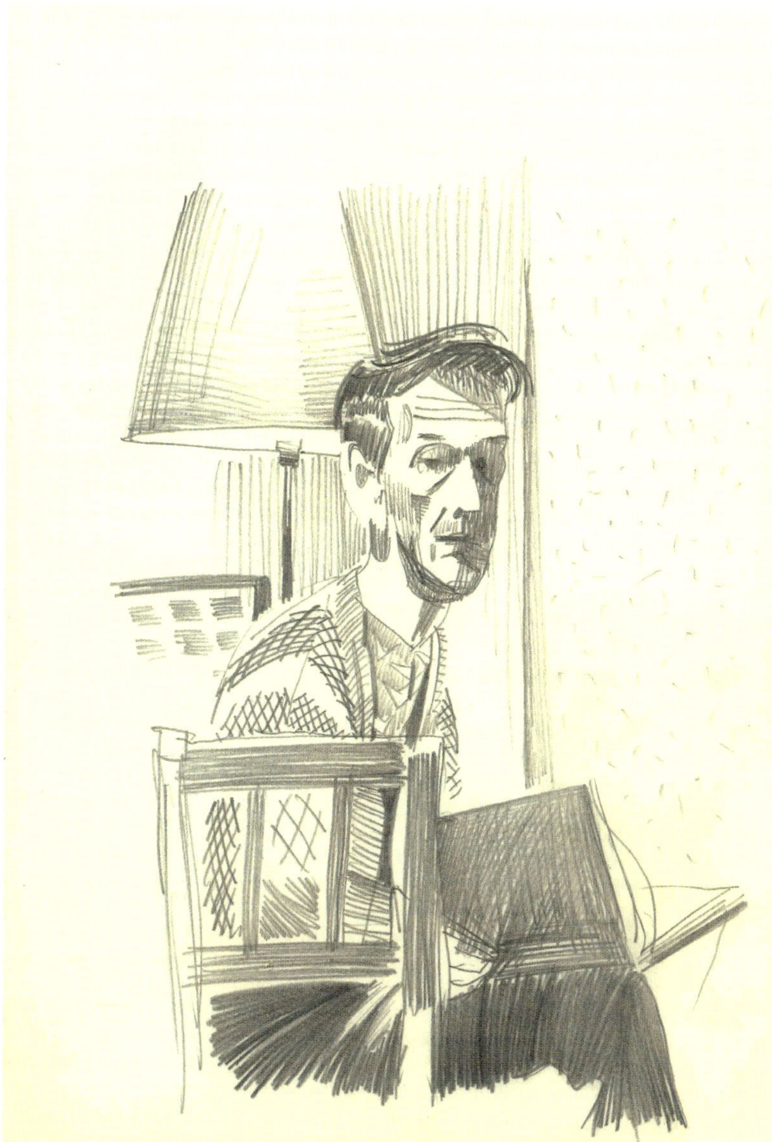

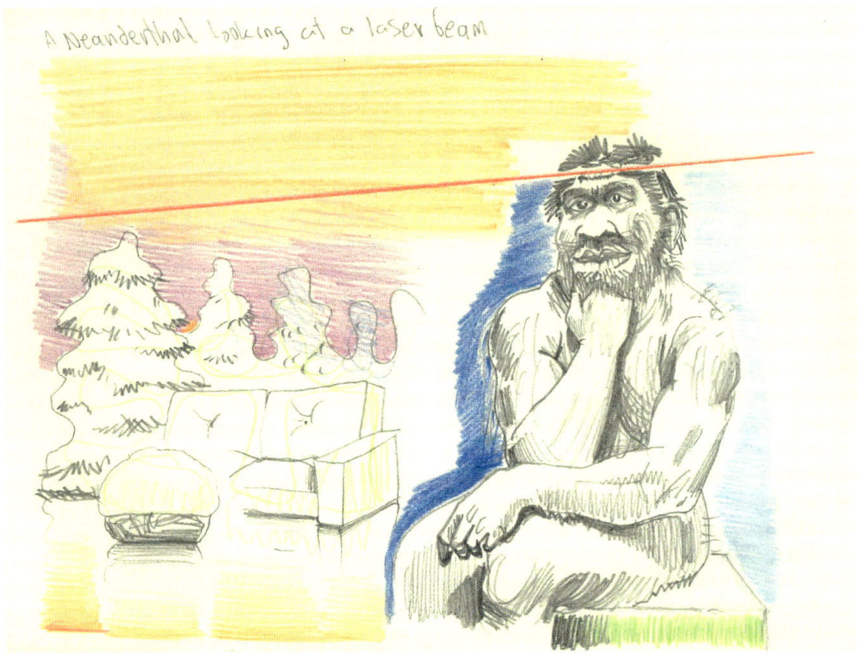
A Neanderthal looking at a laser beam

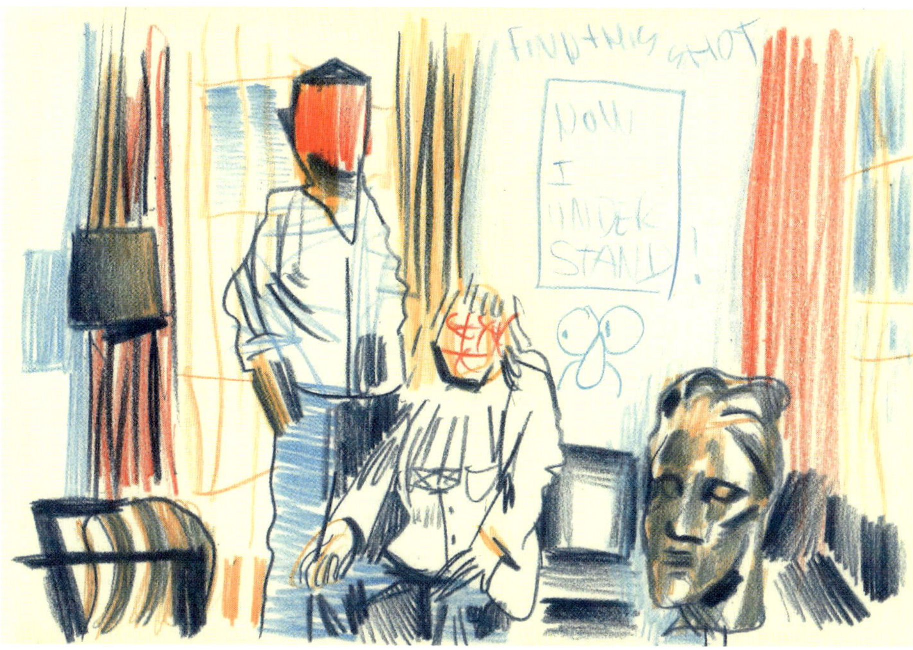
FIND THIS SHOT
NOW I UNDERSTAND!

Les autoportraits de Laurent Poleo-Garnier

Né en 1995, vit et travaille à Paris, www.laurent-poleo-garnier.com

Photographe, dessinateur et performer, Laurent Poleo-Garnier est diplômé des Beaux-Arts de Paris en 2020. Sensibles et au plus près de leurs modèles, ses portraits de la jeunesse parisienne et berlinoise, ou du danseur et chorégraphe François Chaignaud, racontent l'époque fluide et disent le goût de l'artiste pour les métamorphoses, les costumes, l'univers du spectacle. Laurent Poleo-Garnier se met également en scène dans des autoportraits inspirés des figures de son panthéon personnel (Nijinki, Yves Saint Laurent, etc.) qu'il rehausse parfois à l'encre ou aux crayons de couleur. Loin du selfie et proches de l'hommage, les images de cet artiste transformiste mélangent les époques et les genres.

Si vous étiez un portrait ? Si j'étais un portrait j'aimerais adopter les contours d'un visage du *Satyricon* de Fellini, doux et rieur, cerné de khôl, la crinière bouclée, tel un fantôme de l'antiquité gréco-romaine.

Qui répresenter ? Manon, une artiste transformiste suisse des années 70 assez peu connue en France. Figure féministe et transgressive avant l'heure, elle a créé tout un corpus de transformations autour de différents archétypes féminins, la maîtresse, la dominatrice, l'intellectuelle, la bourgeoise. Ses visages restent imprimés en moi et j'adorerais la rencontrer et faire son portrait.

Qui pour vous représenter ? Richard Avedon, un des plus grands portraitistes de mode que la photographie ait connus. Son sens de la composition, de la chorégraphie et du stylisme sont fous. Il a insufflé à la photographie de mode une forme d'humanité par l'intensité de ses modèles. Un rêve impossible mais que je conserve dans ma mémoire.

Le portrait parfait ? Le portrait parfait n'existe pas et c'est exactement à cause de cette impossibilité que je recommence à chaque fois. C'est une quête perdue d'avance car son essence est de renaître constamment. S'il y avait un arrêt final dans cette recherche, est-ce que ce ne serait pas triste ? L'idée de refaire me plaît et va de pair avec le sentiment amoureux que j'éprouve lorsque je réalise un portrait.

Votre portrait craché ? Mon portrait craché serait sans doute un personnage quelque part entre Bob Wilson, Jacques de Bascher, le mythe de l'androgyne et le faune de Nijinski. À l'heure où j'écris ces mots mon portrait est peut-être déjà en train de muter, à l'affût d'un nouveau reflet dans lequel se baigner, à l'infini.

P. 75 : *Movida*, photo numérique, feutre noir, 2019.
P. 76-79 : *Nijinski*, photo numérique, crayons de couleur, 2021.
P. 80-83 : *Studio 54*, photomaton, crayons de couleur, 2021.
Courtesy de l'artiste.

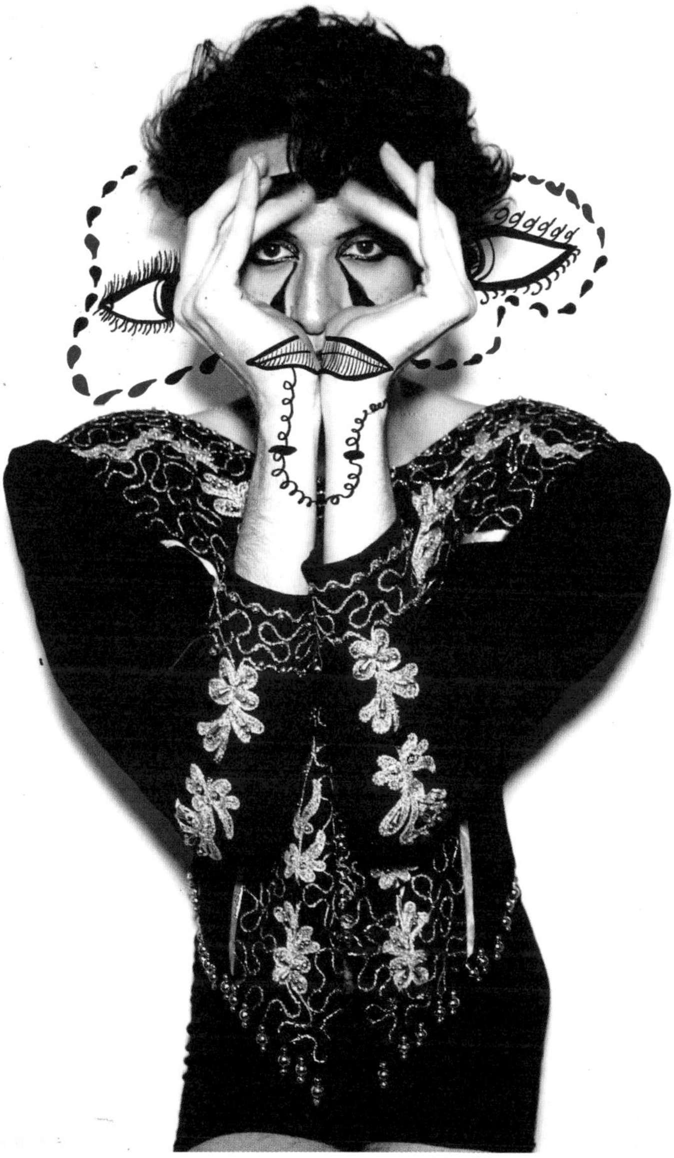

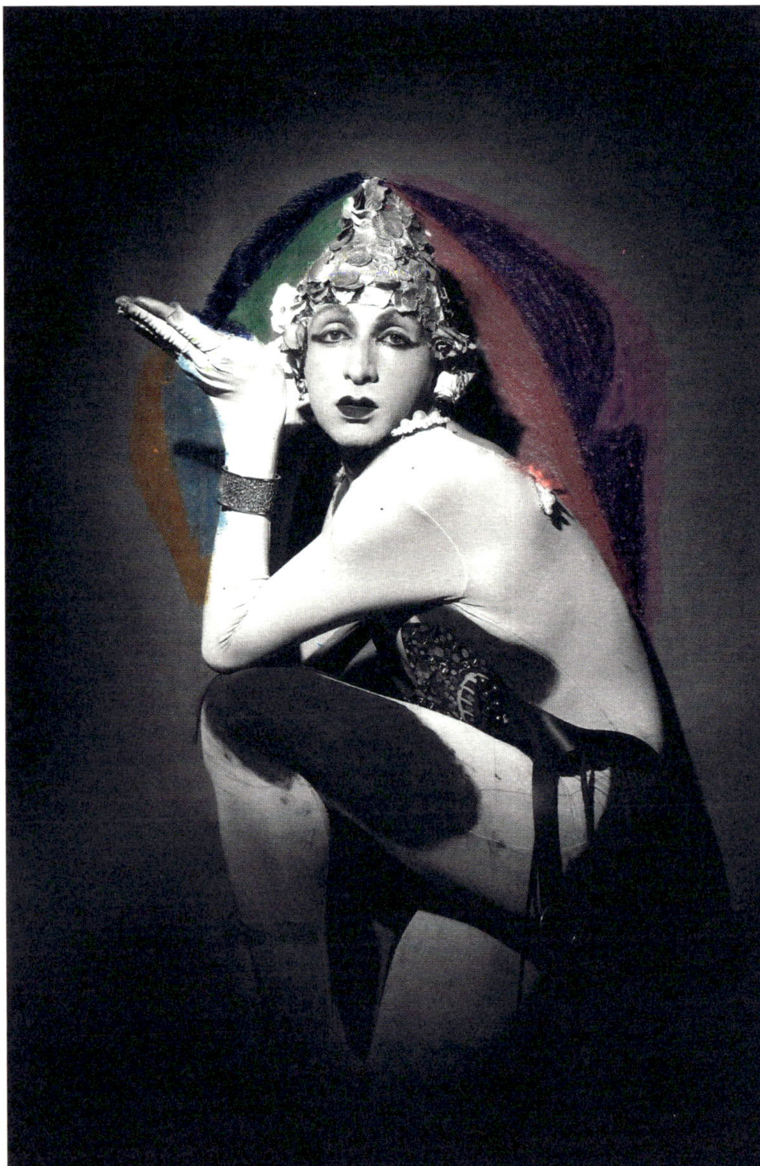

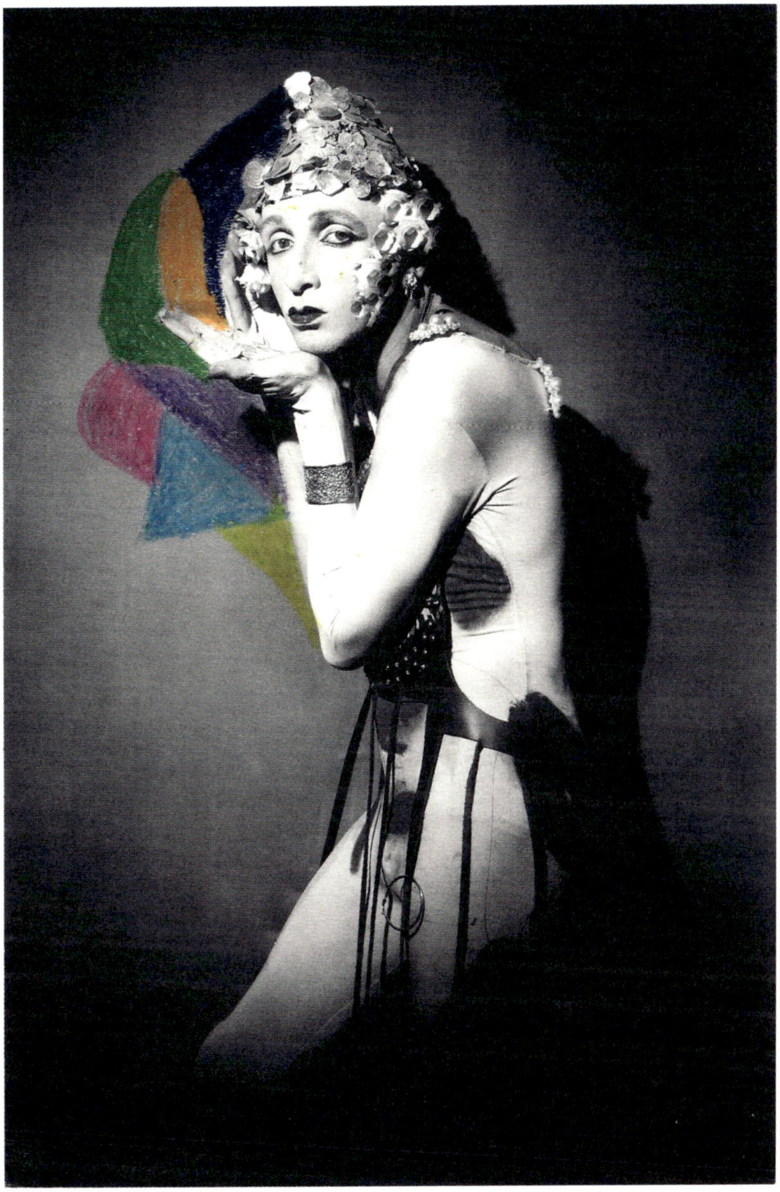

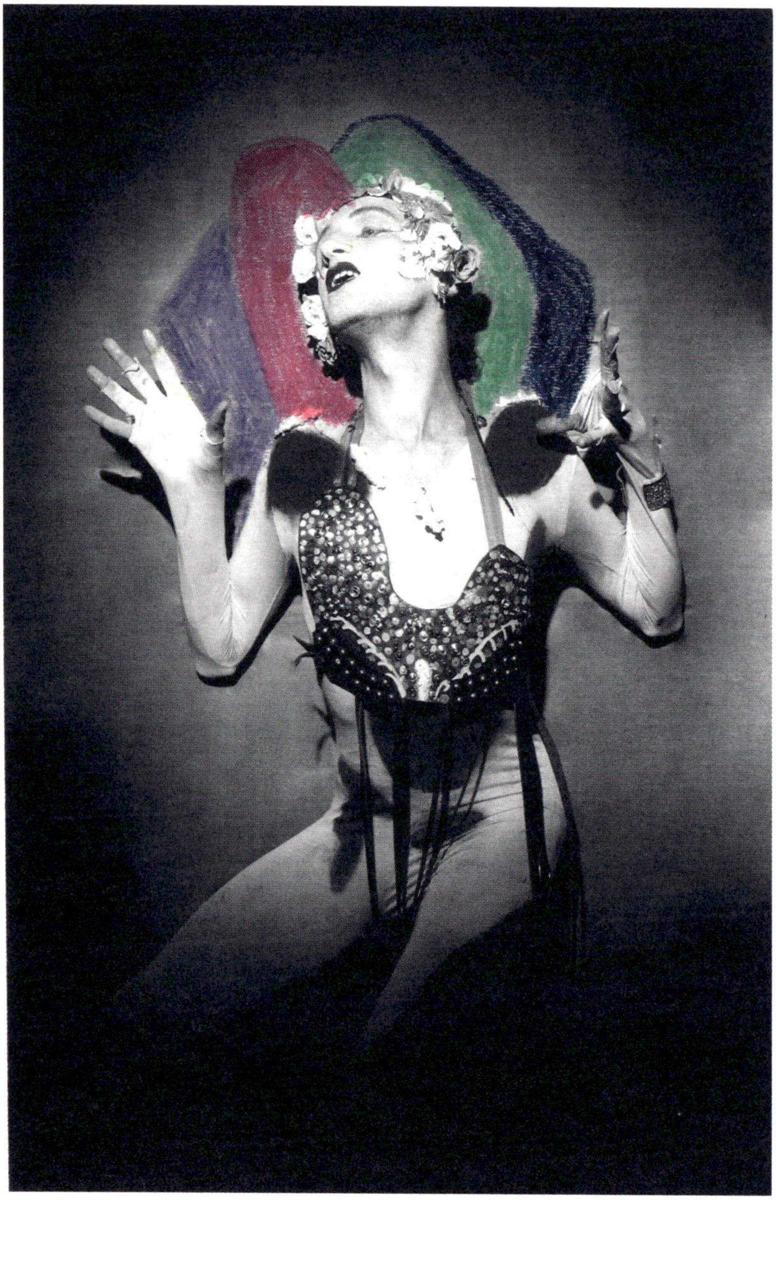

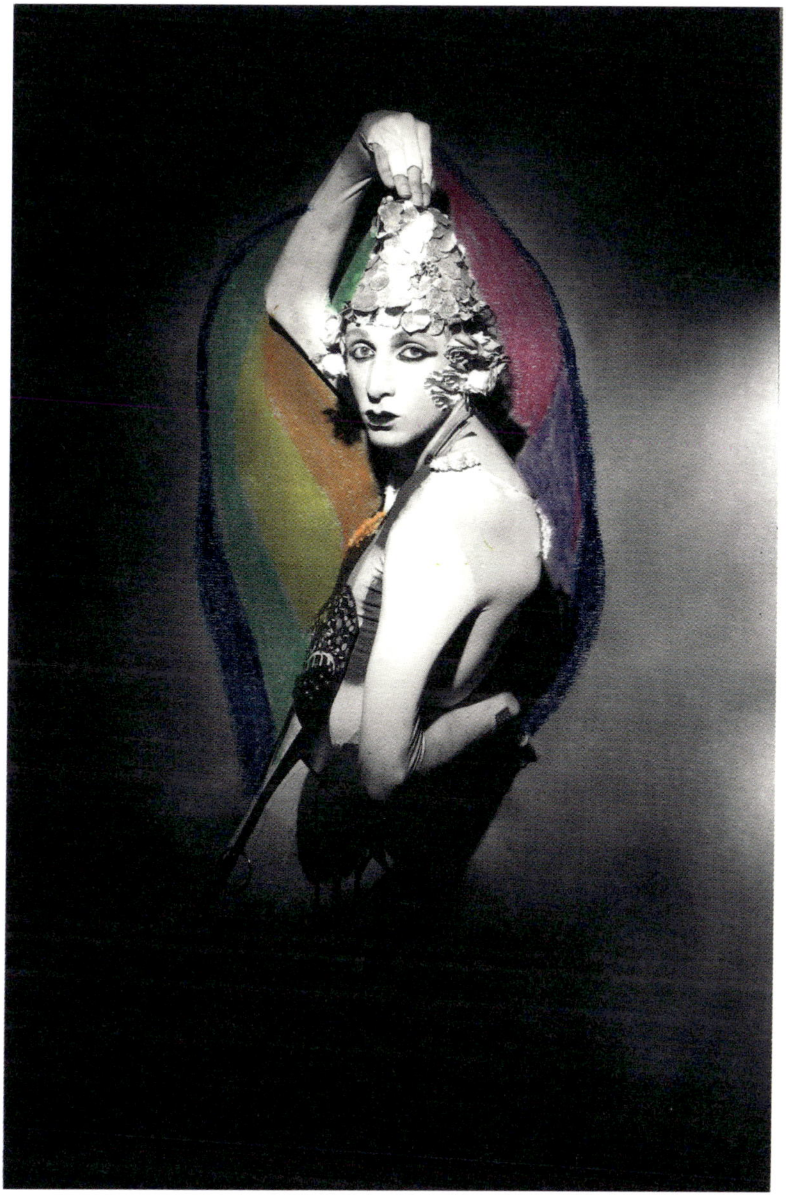

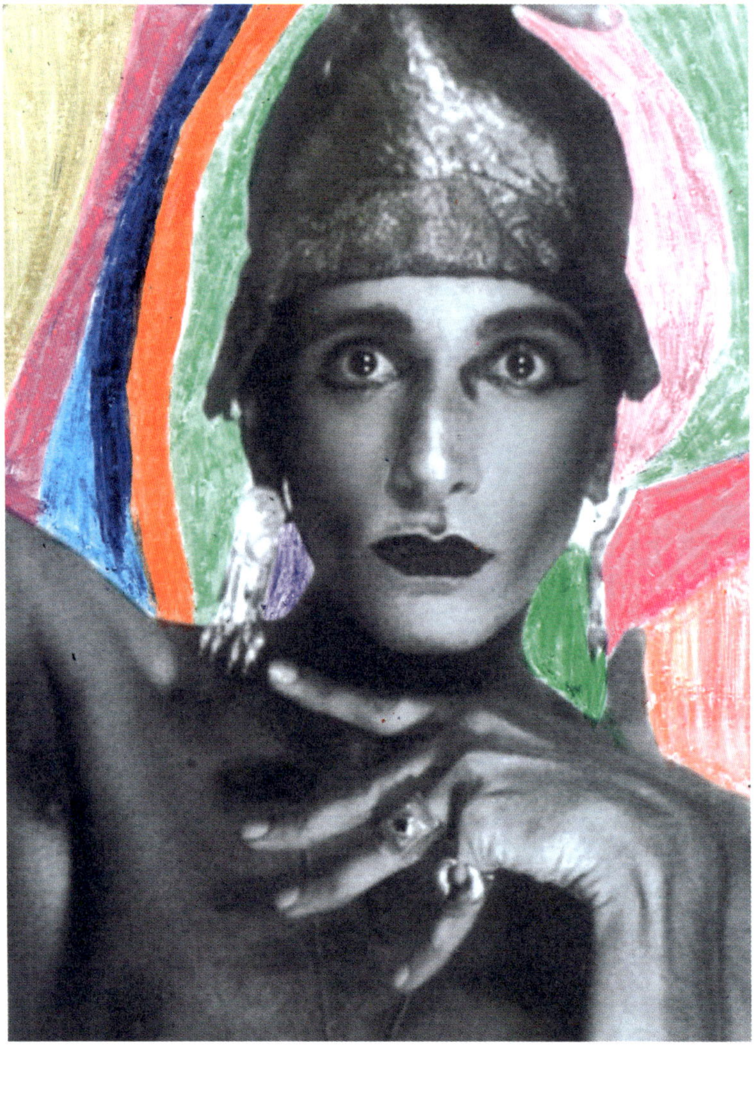

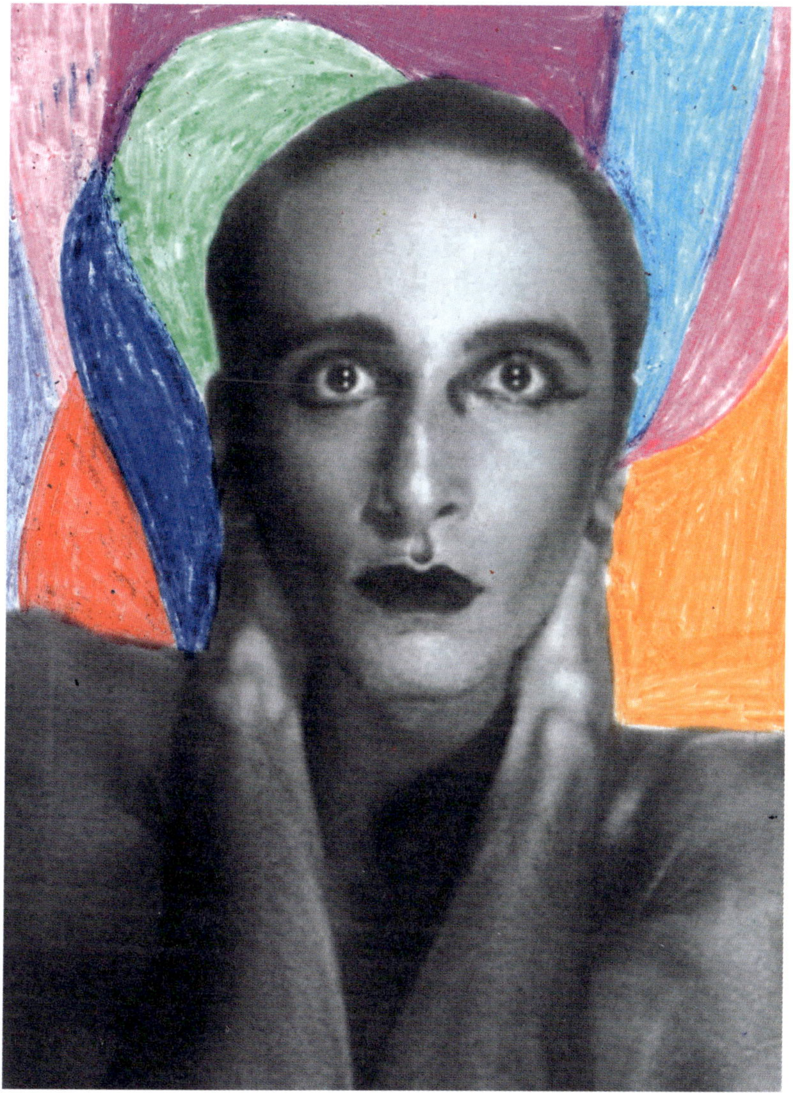

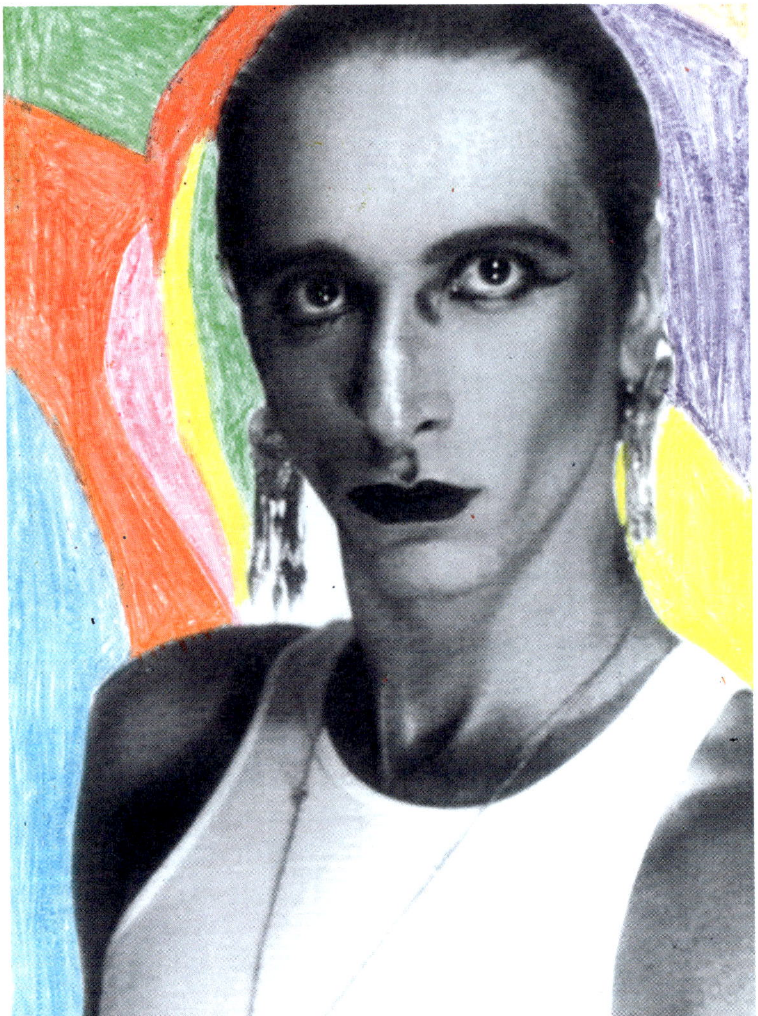

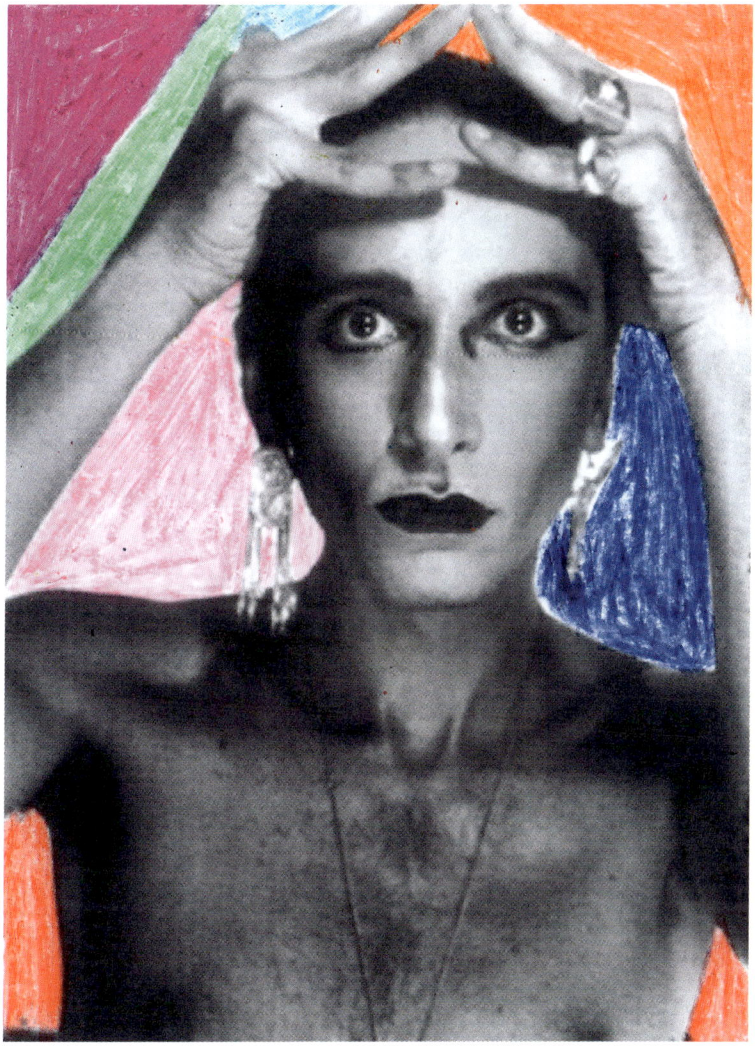

Julie Doucet

Artiste et autrice de bande dessinée, née en 1965, vit et travaille à Montréal, www.juliedoucet.net

Si vous étiez un portrait ? Je serais *Cokoo! o3* de Dan Beudean (2012). Je préférerais ne pas être un humain. Mais des mains, c'est bien pratique.

Qui représenter ? Trop de choix. Je croise tous les jours dans la rue quelqu'un que je voudrais dessiner absolument.

Qui pour vous représenter ? ELLE, la street artist. Parce que ses portraits comportent des tas de composantes et de facettes.

Le portrait parfait ? Tous les portraits de Jean Cocteau, dessinés d'un seul trait, c'est une sorte d'idéal.

Votre portrait craché ? *The Artist 3 (slippers)* de Aurel Schmidt (2012).

Le portrait impossible ? La plus belle personne du monde est impossible à dessiner à mon avis.

P. 85-89 : pages extraites de *Suicide Total*, 144 p., L'Association, 2023.
Courtesy Galerie Anne Barrault.

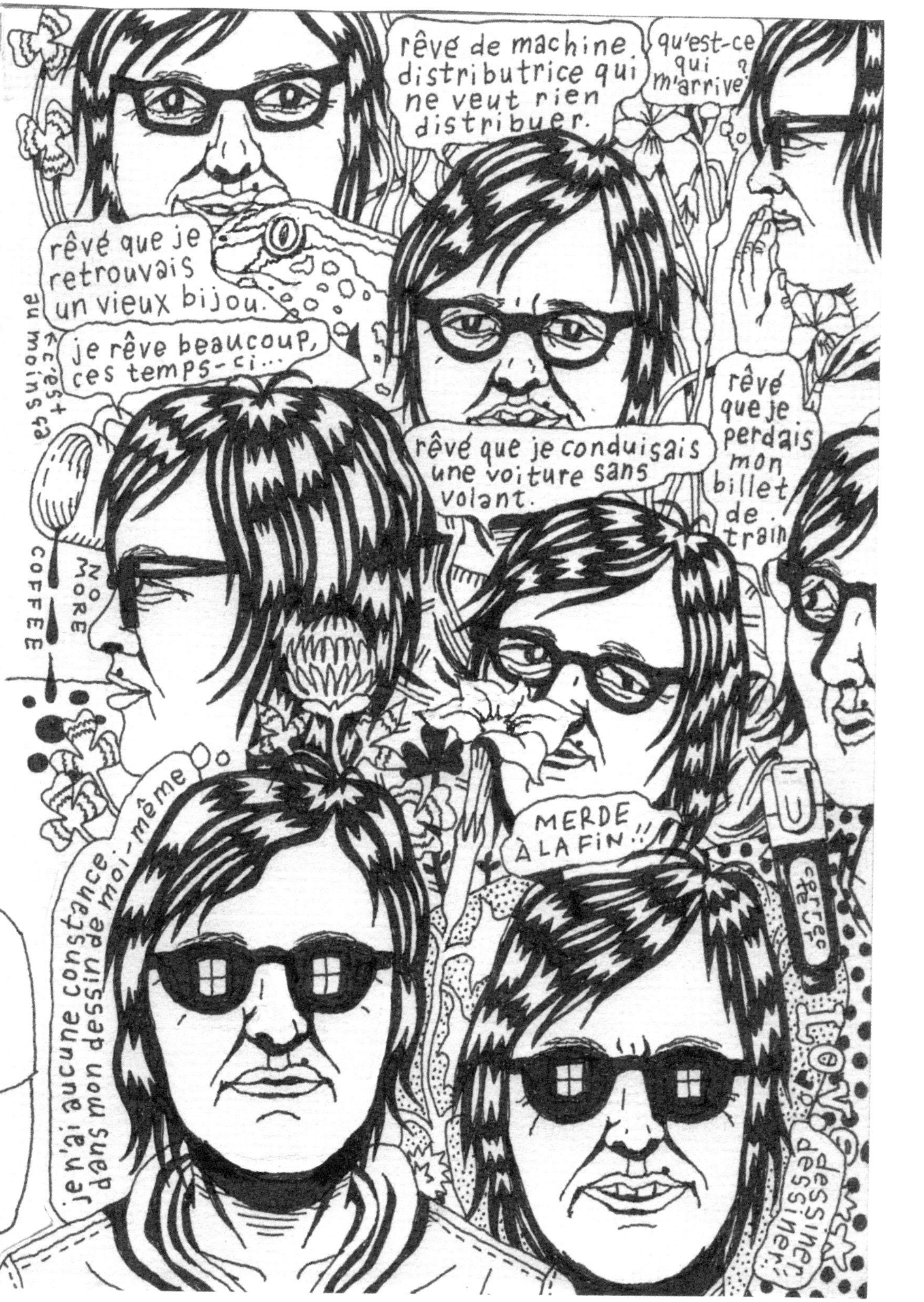
rêve de machine distributrice qui ne veut rien distribuer.
qu'est-ce qui m'arrive?
rêvé que je retrouvais un vieux bijou.
je rêve beaucoup, ces temps-ci...
c'est ça au moins
rêvé que je perdais mon billet de train
rêvé que je conduisais une voiture sans volant.
NO MORE COFFEE
MERDE À LA FIN !!
je n'ai aucune constance dans mon dessin de moi-même
LOVE
dessiner dessiner!

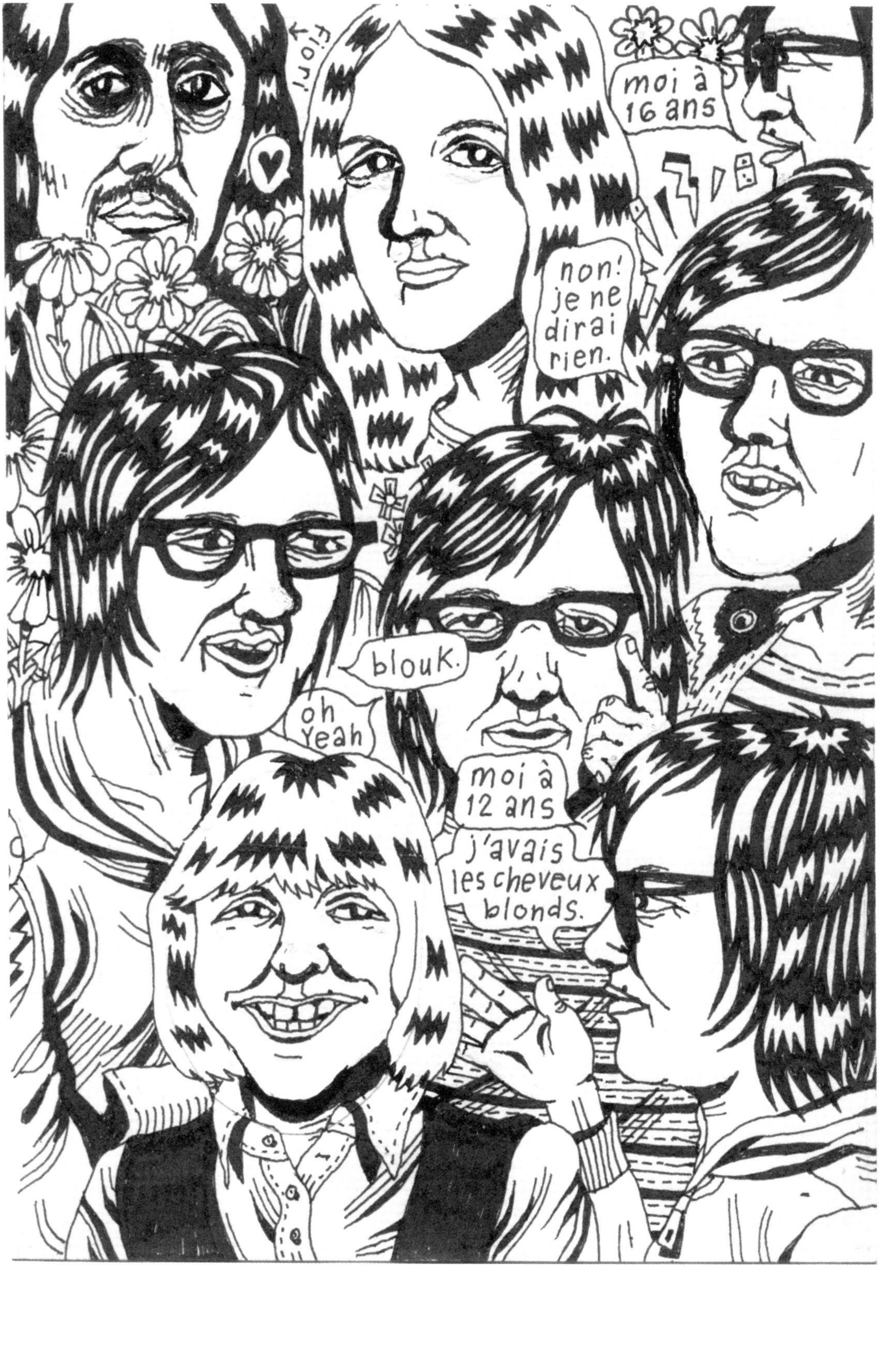
fiori
moi à 16 ans
non! je ne dirai rien.
blouk.
oh yeah
moi à 12 ans
j'avais les cheveux blonds.

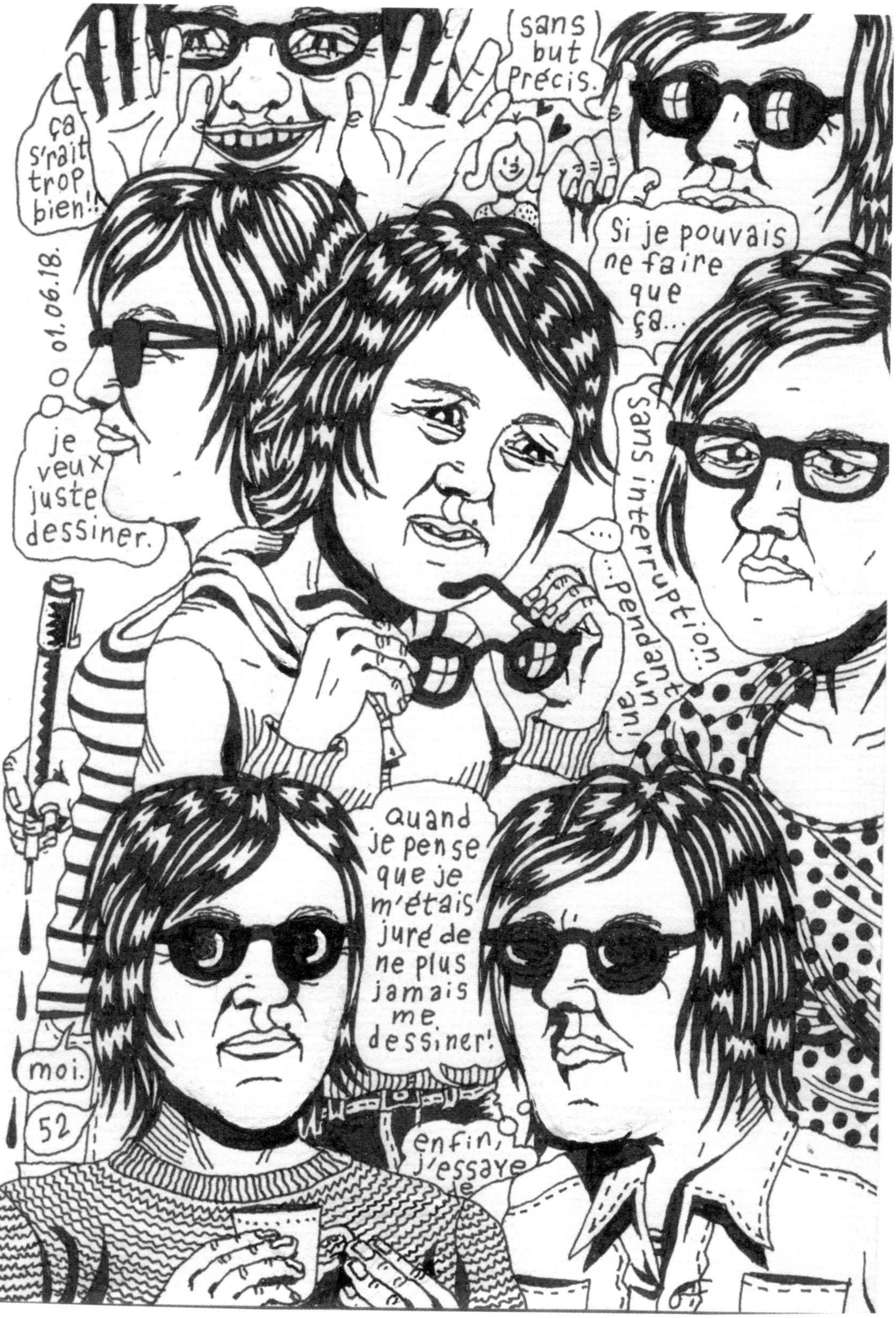
ça s'rait trop bien!!
sans but précis.
Si je pouvais ne faire que ça...
01.06.18.
je veux juste dessiner.
...
sans interruption...
...pendant un an!
quand je pense que je m'étais juré de ne plus jamais me dessiner!
moi.
enfin, j'essaye

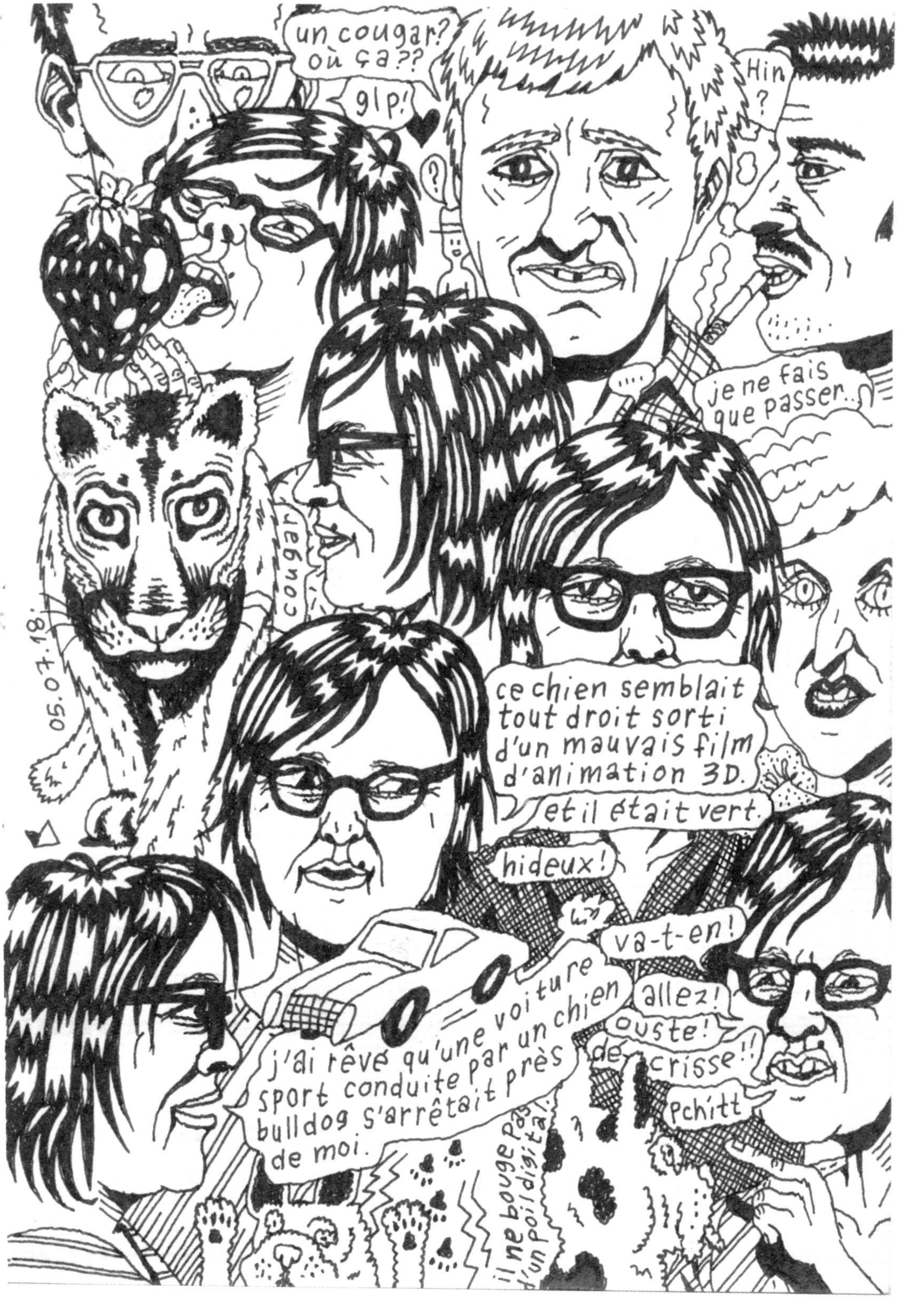
un cougar? où ça??
glp!
?
Hin ?
....
je ne fais que passer...
cougar
05.07.18.
ce chien semblait tout droit sorti d'un mauvais film d'animation 3D.
et il était vert.
hideux!
va-t-en!
allez!
ouste!
décrisse!!
Pchitt
j'ai rêvé qu'une voiture sport conduite par un chien bulldog s'arrêtait près de moi.
il ne bouge pas d'un poil digital.

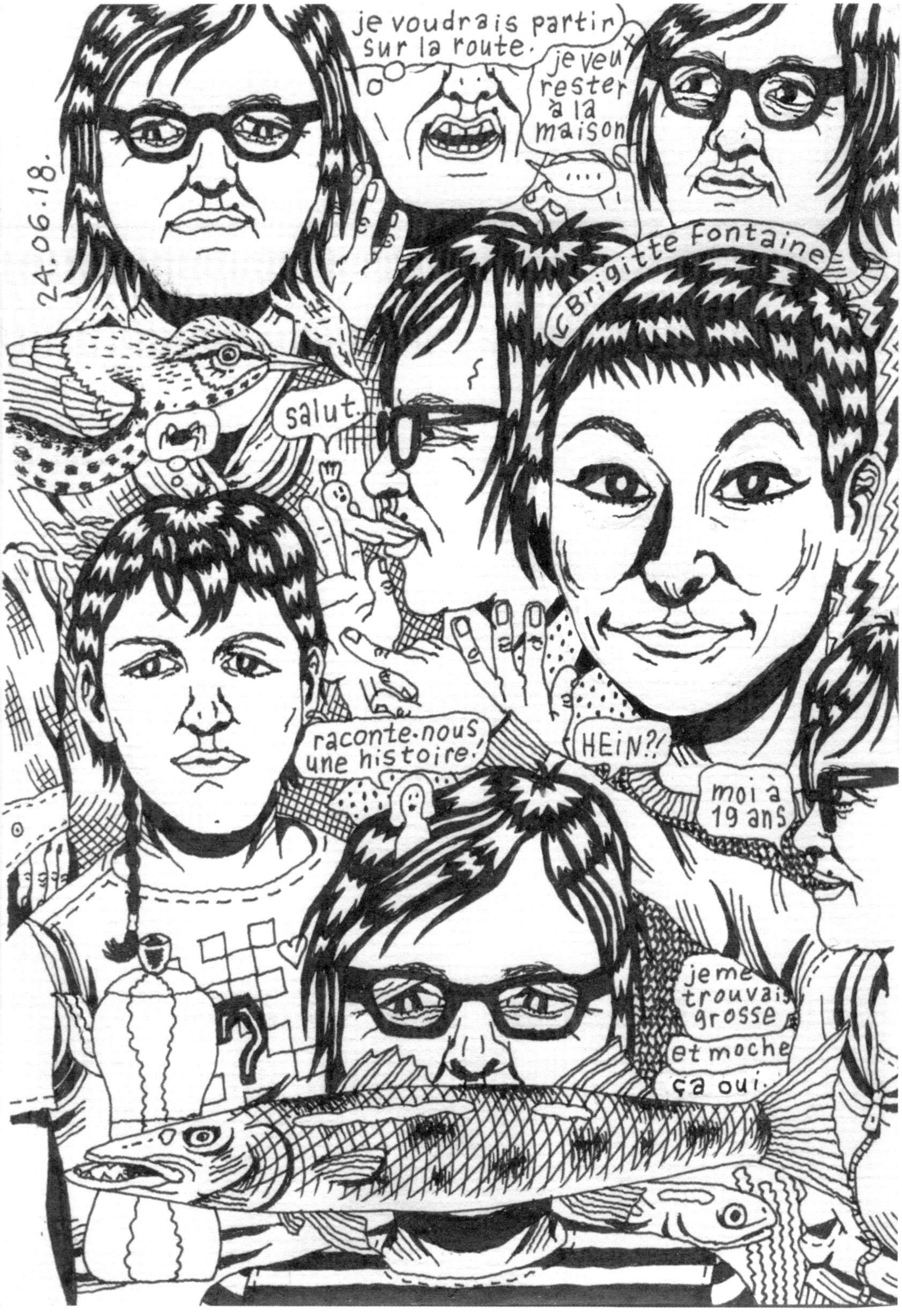
24.06.18.
je voudrais partir sur la route.
je veut rester à la maison
....
Brigitte Fontaine
salut.
raconte-nous une histoire.
HEIN?!
moi à 19 ans
je me trouvais grosse
et moche
ça oui.

Gabrielle Danchick

Writer, editor, watercolor dabbler, born in 1963,
lives and works in Brooklyn, @la_gabbie_d

If you were a portrait? I'd maybe want to be Vermeer's *Girl With a Pearl Earring*. She's a babe. She's seen a lot since 1665 and gets to travel to cosmopolitan cities from her home base in the Hague. But she's crazy famous, which probably is a total drag—all those tourists gaping at you. I might actually prefer to be, like, her chubby Jewish cousin with the other pearl, hidden away for centuries in a cool stone house, content with being an undiscovered jewel.

Who do you like to draw? I wouldn't mind being able to draw and paint my friends. I first took up this drawing-and-painting thing ca. 2020, during the COVID-19 lockdown. I'm not yet skilled enough to do portraits of my dear friends. When I try, I'll do them over and over and get obsessive because I am afraid to disappoint. I've drawn and painted one friend at least 25 times, and I am still not happy with the results. I much prefer drawing perfect strangers. It's less pressure—and I paint to destress.

Who would you choose to make your portrait? Rembrandt, Johannes Vermeer, Artemisia Gentileschi, Lucian Freud, Gustave Courbet, Boticelli, Hilma af Klint, Norman Rockwell, Edward Hopper, the list goes on... I mean, if I get to choose, why not?

The perfect portrait? I'm getting a bit tired of seeing all these paintings of pretty people. I love the ugly beautiful, the gritty, the "imperfect". I mean even the portraits I've been doing seem way too pretty to me. I am trying to move away from that. Pretty is kind of boring.

Your spitting image? Who looks like me? I really don't know.

The impossible portrait? My friends.

Untitled, watercolor on paper, 2021.
Courtesy of the artist.

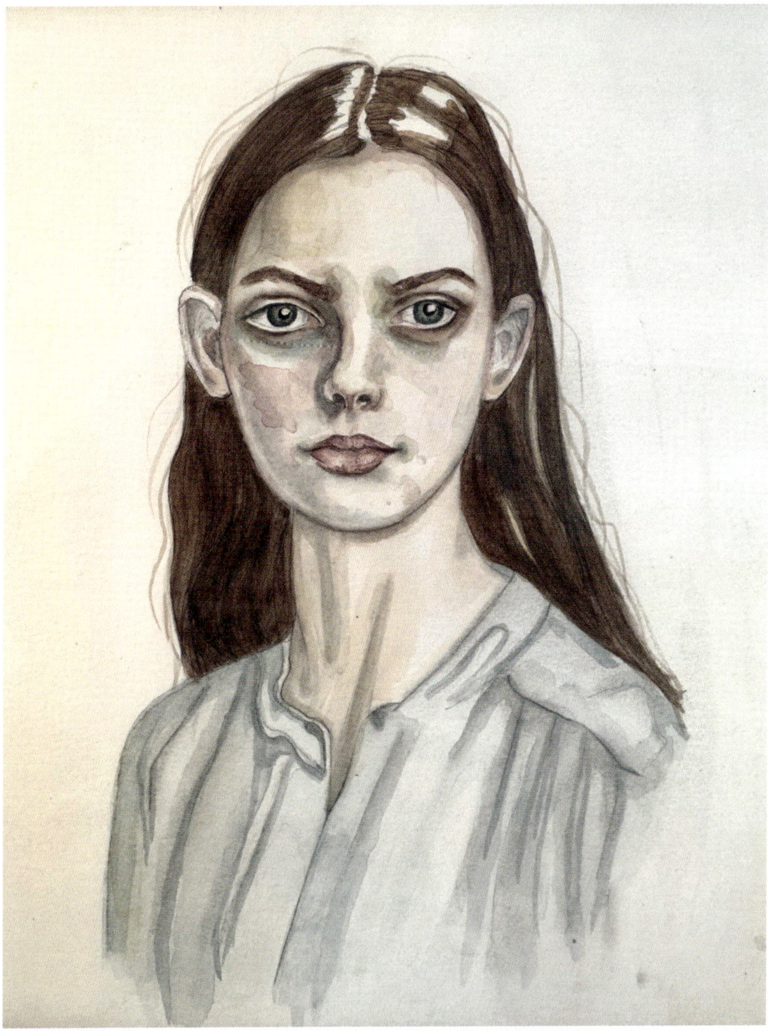

Stefan Rinck

Artist, born in 1973, lives and works in Berlin, www.stefanrinck.de

If you were a portrait? *The Colossus* by Francisco de Goya.

Who do you like to draw? My wife and daughter dressed as Flintstones.

Who would you choose to make your portrait? Raphael.

The perfect portrait? *Lady with an Ermine* by Leonardo da Vinci.

Your spitting image? Samson.

The impossible portrait? God.

P. 93-97 : *Sans titre*, ink on drawing notebook paper, 30 x 23,4 x 3 cm (framed), 2021. Photo : A. Mole. Courtesy Semiose, Paris.

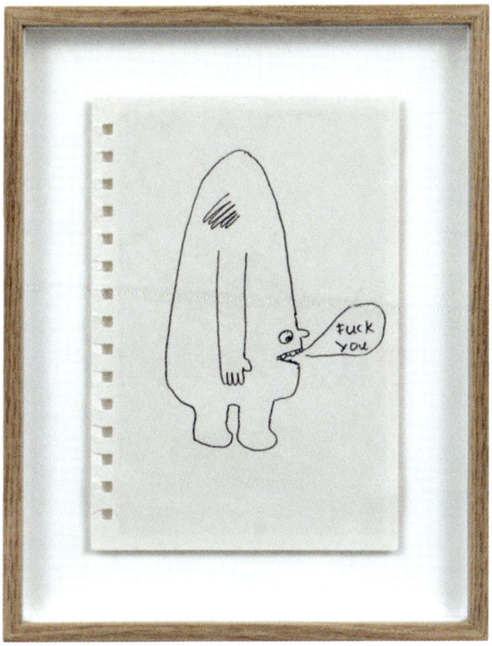
FUCK YOU
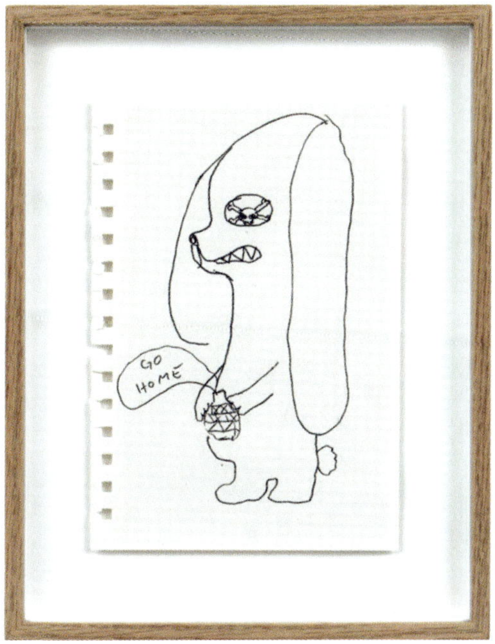
GO HOME

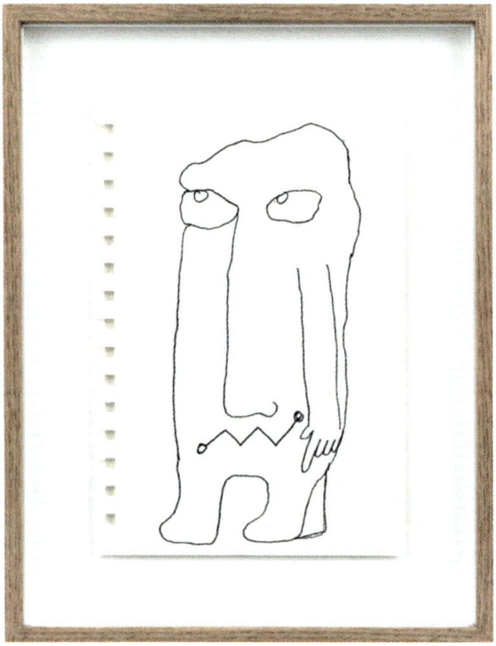

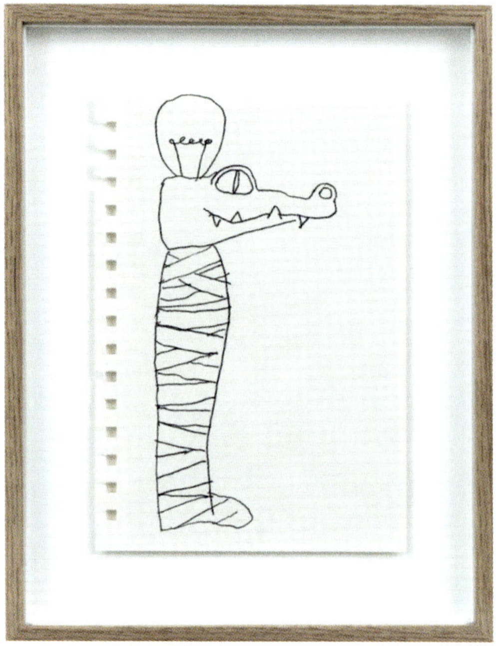

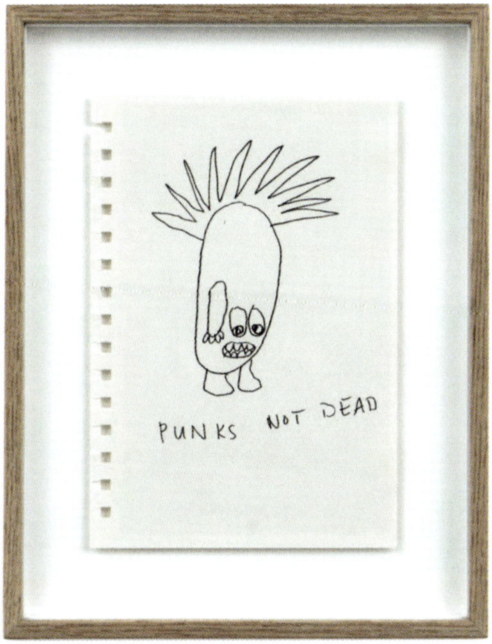
PUNKS NOT DEAD

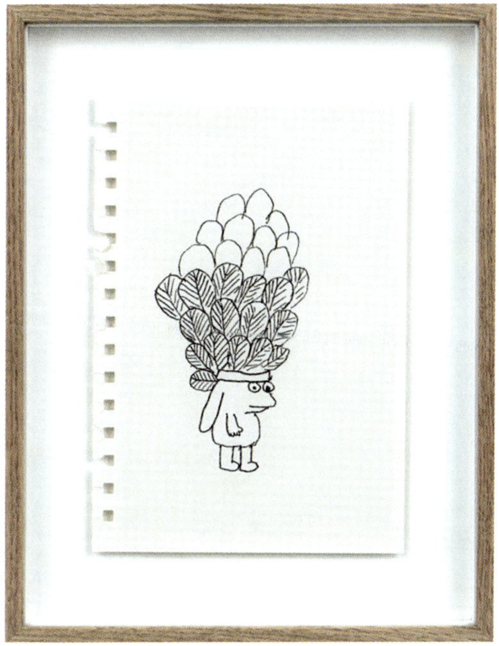

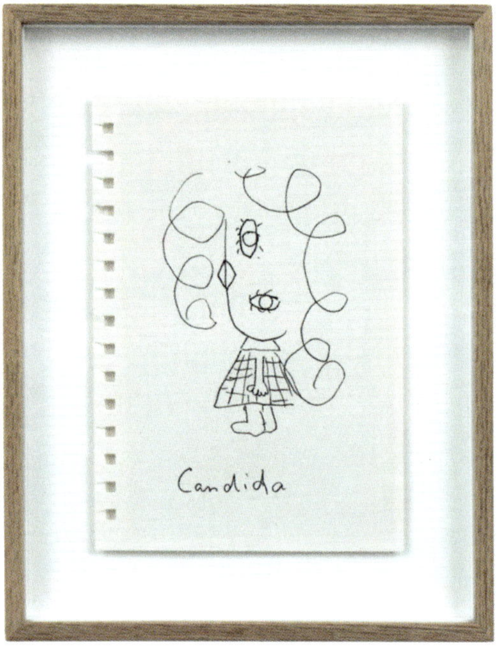
Candida

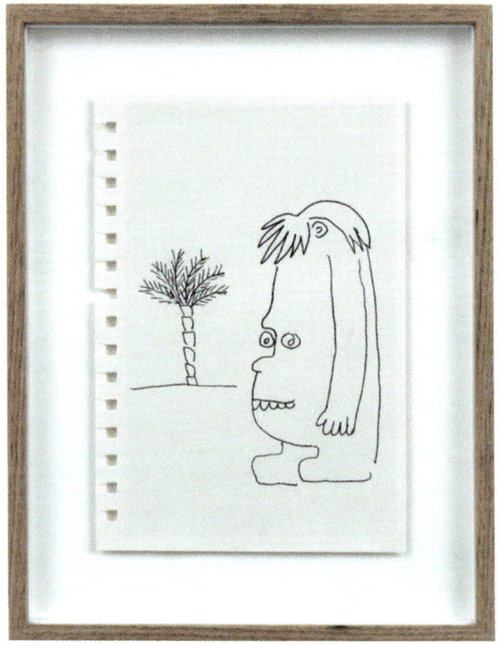

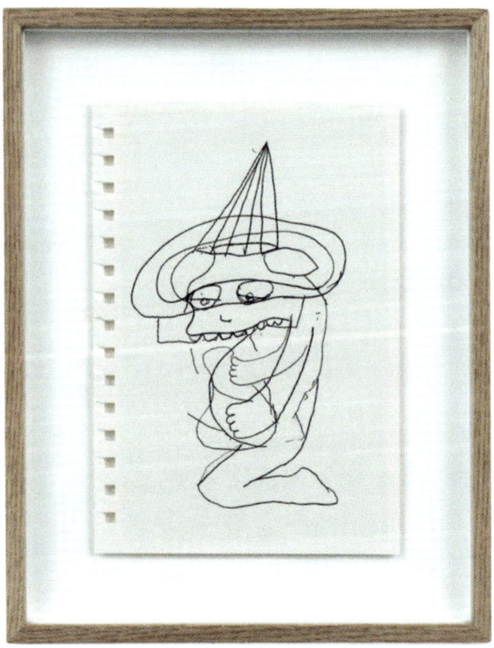

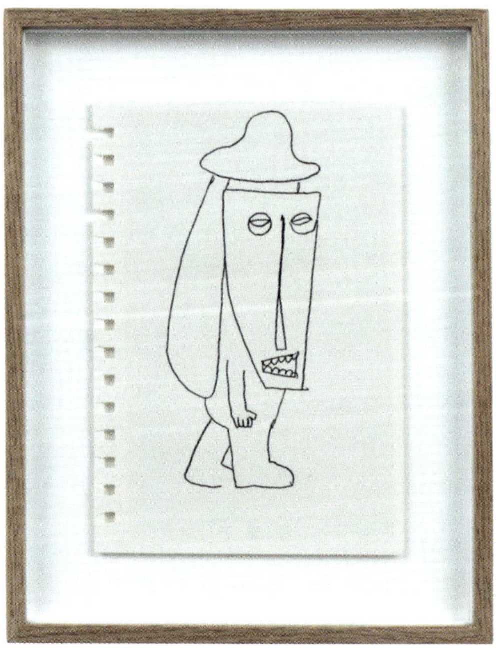

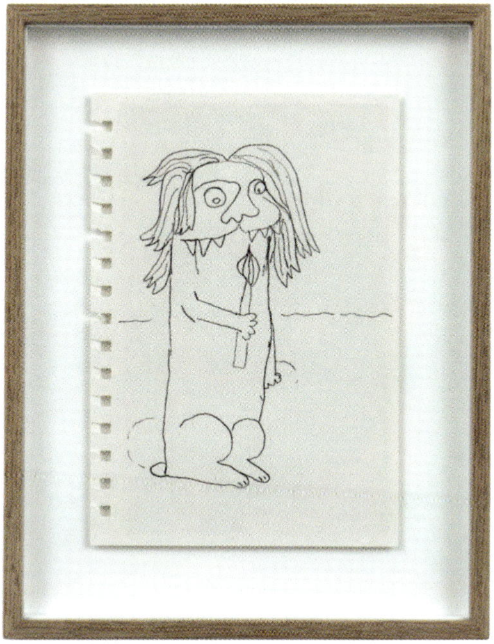

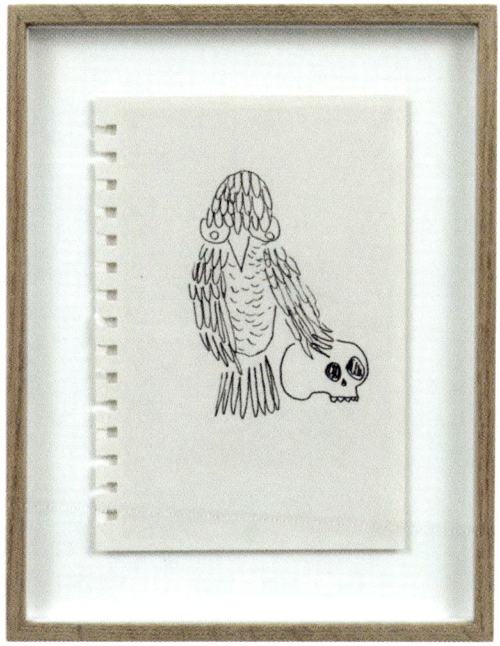

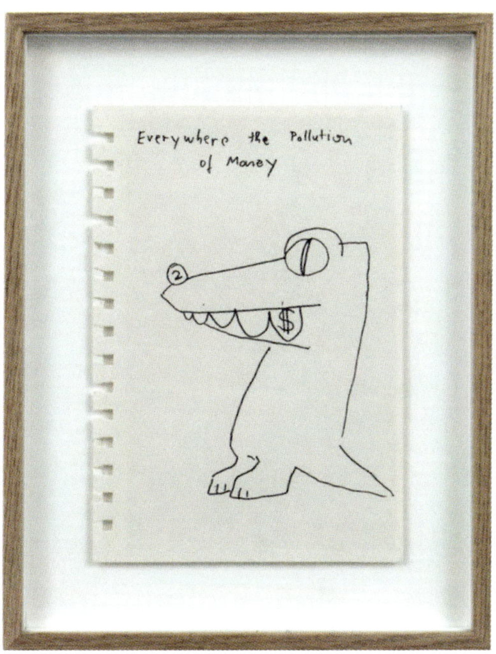
Everywhere the Pollution
of Money

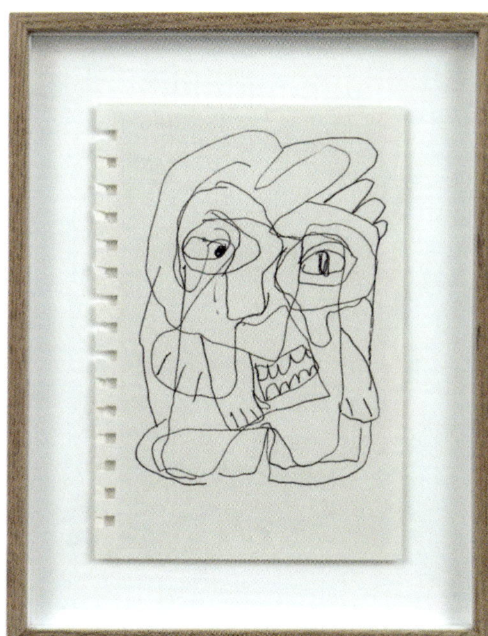

Julien Meert

Artiste, né en 1983, vit et travaille à Bruxelles, @roger3000

Si vous étiez un portrait ? Un autoportrait de Maria Lassnig.

Qui représenter ? Moi-même. Et à travers moi-même, une expérience partagée du corps.

Qui pour vous représenter ? Ma nièce Jùlia qui a 8 ans et qui dessine super bien.

Le portrait parfait ? N'importe quel portrait d'Alice Neel.

Votre portrait craché ? Mon père.

Le portrait impossible ? Le portrait de la personne que j'aime et que j'aurais peur de décevoir.

P. 99-103 : *Sans titre*, huile, crayon et collage sur papier, 42 x 29,7 cm, 2022.

Courtesy de l'artiste et Sorry We're Closed, Bruxelles.

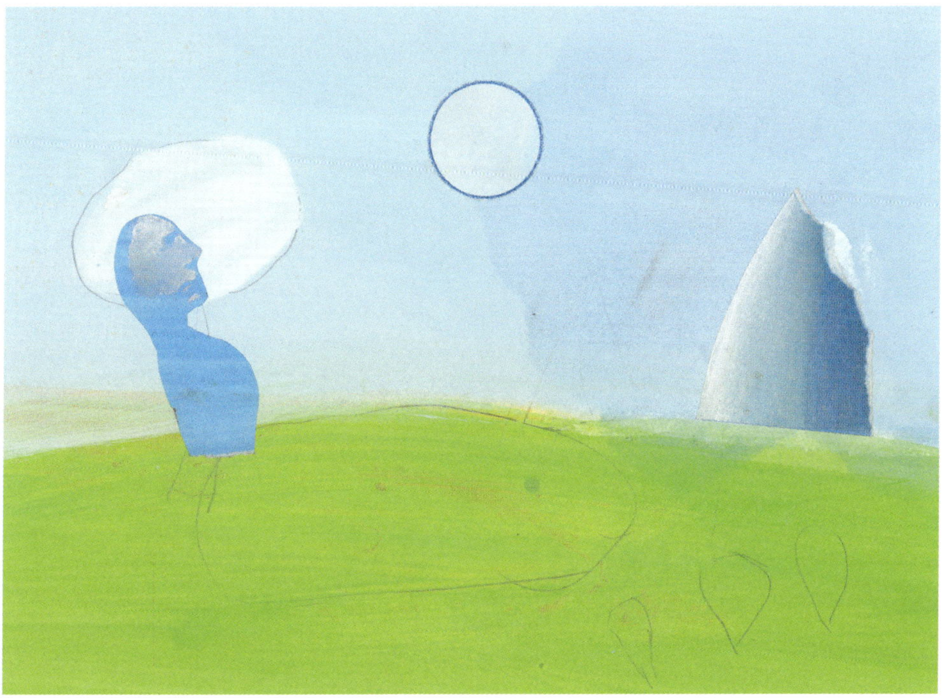

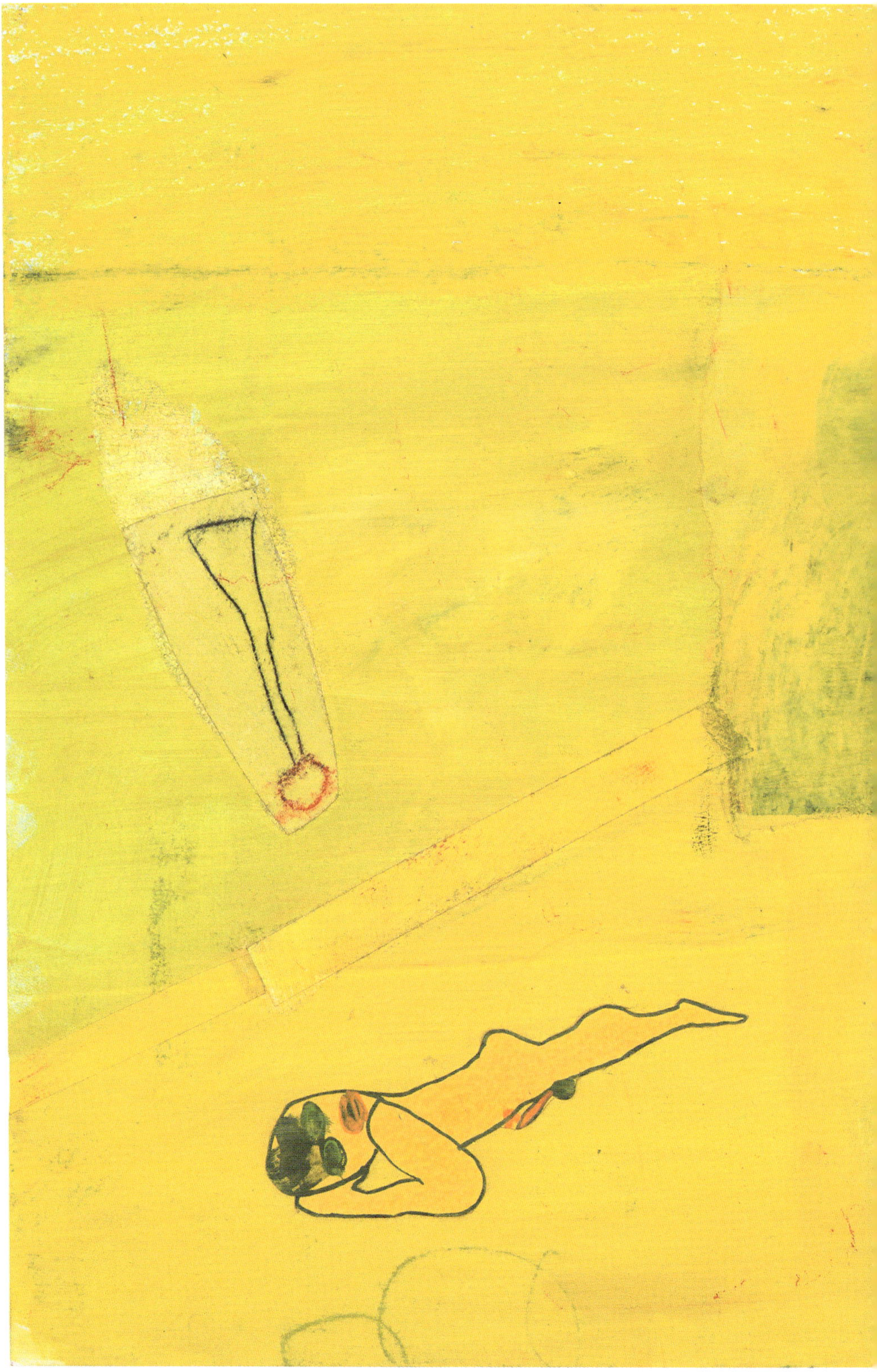

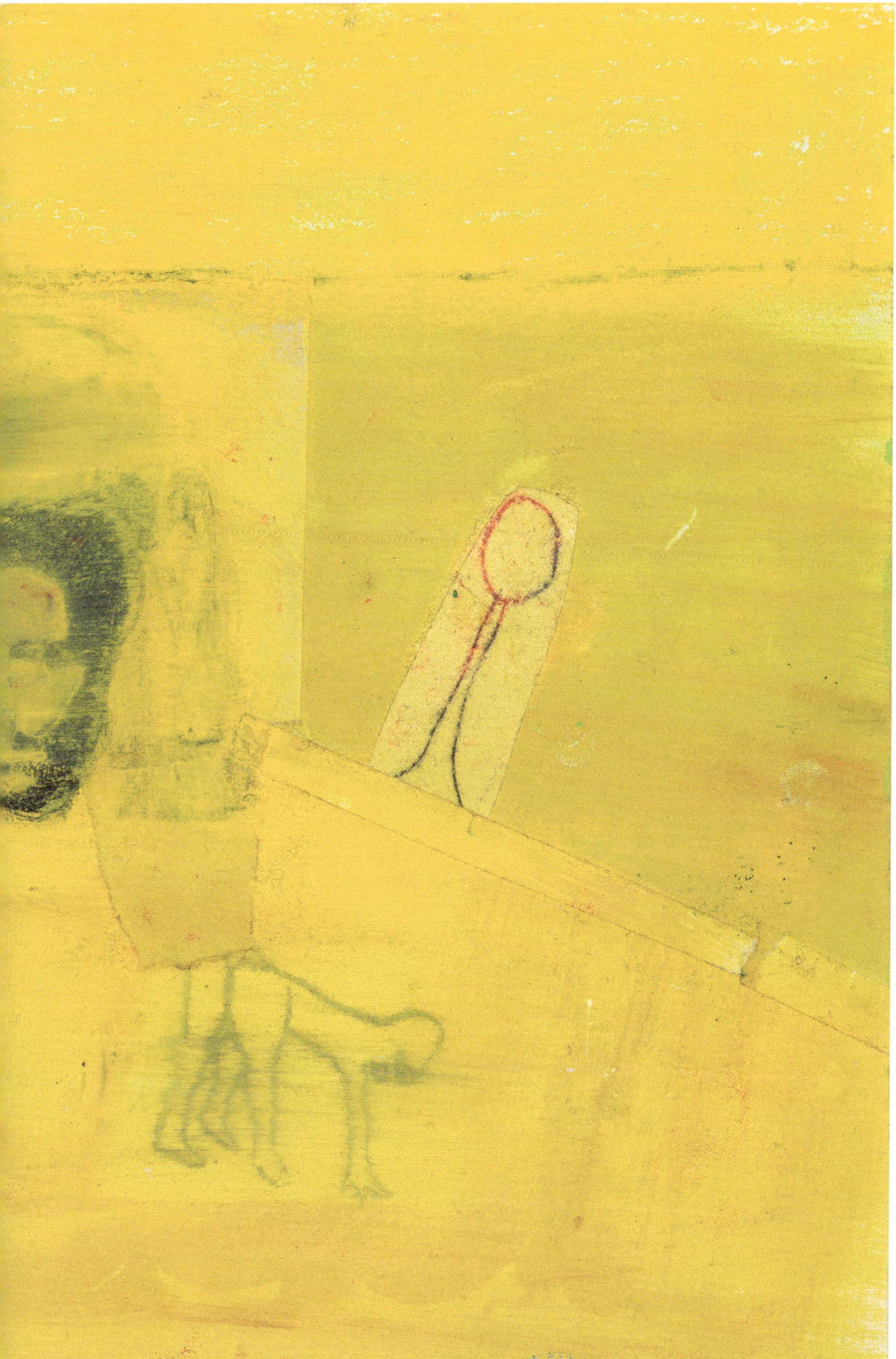

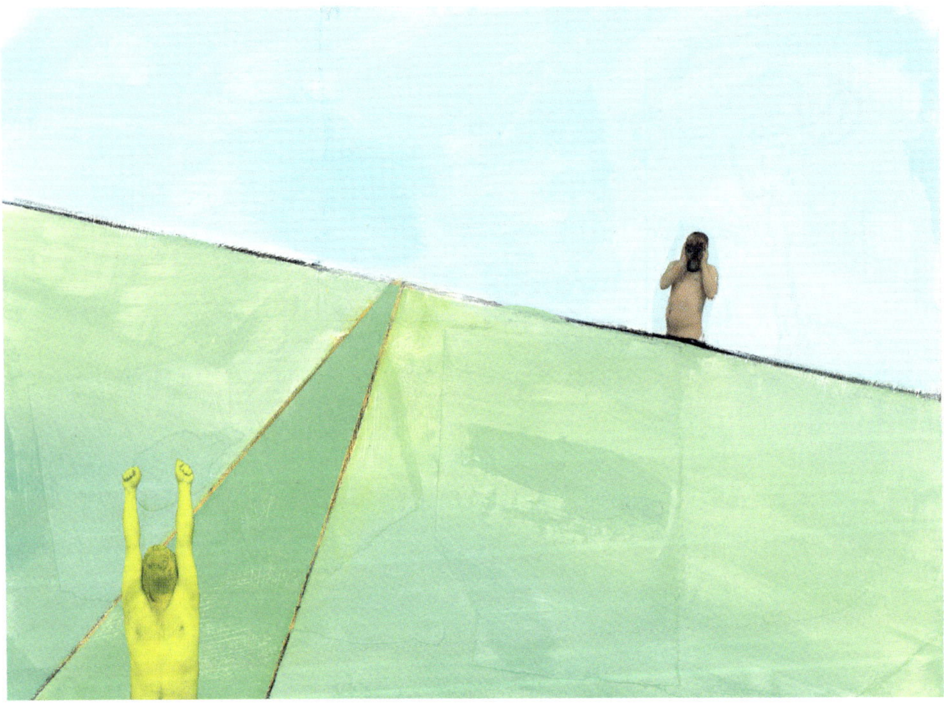

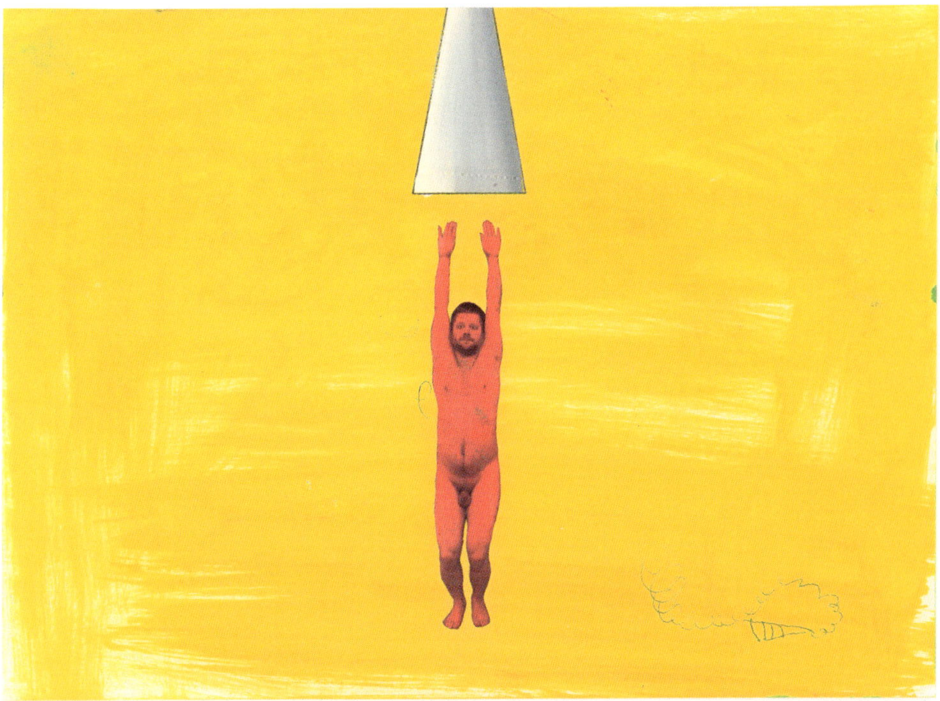

Jacopo Pagin

Artiste, né en 1998, vit et travaille à Bruxelles,
www.jacopopagin.com

Qui représenter ? Les visages de ceux que l'on rencontre dans les rêves, fantômes familiers, métamorphes affectueux.

Qui pour vous représenter ? Man Ray avec rayographie.

Le portrait parfait ? Celui fait par l'amant du sujet.

Votre portrait craché ? Je ne veux jamais le voir. La vérité est sadique. Dans ces cas-là, il faut toujours un peu d'imagination.

P. 105 : *Elegance and Decadence.*
P. 106 : *Journey through a body.*
P. 107 : *Louder Crystal.*
P. 108 : *Smell the speed of Life.*
P. 109 : *Non-Binary Hydraulic.*
Tous les dessins : fusain sur papier, 70 x 100 cm, 2022.
Courtesy de l'artiste.

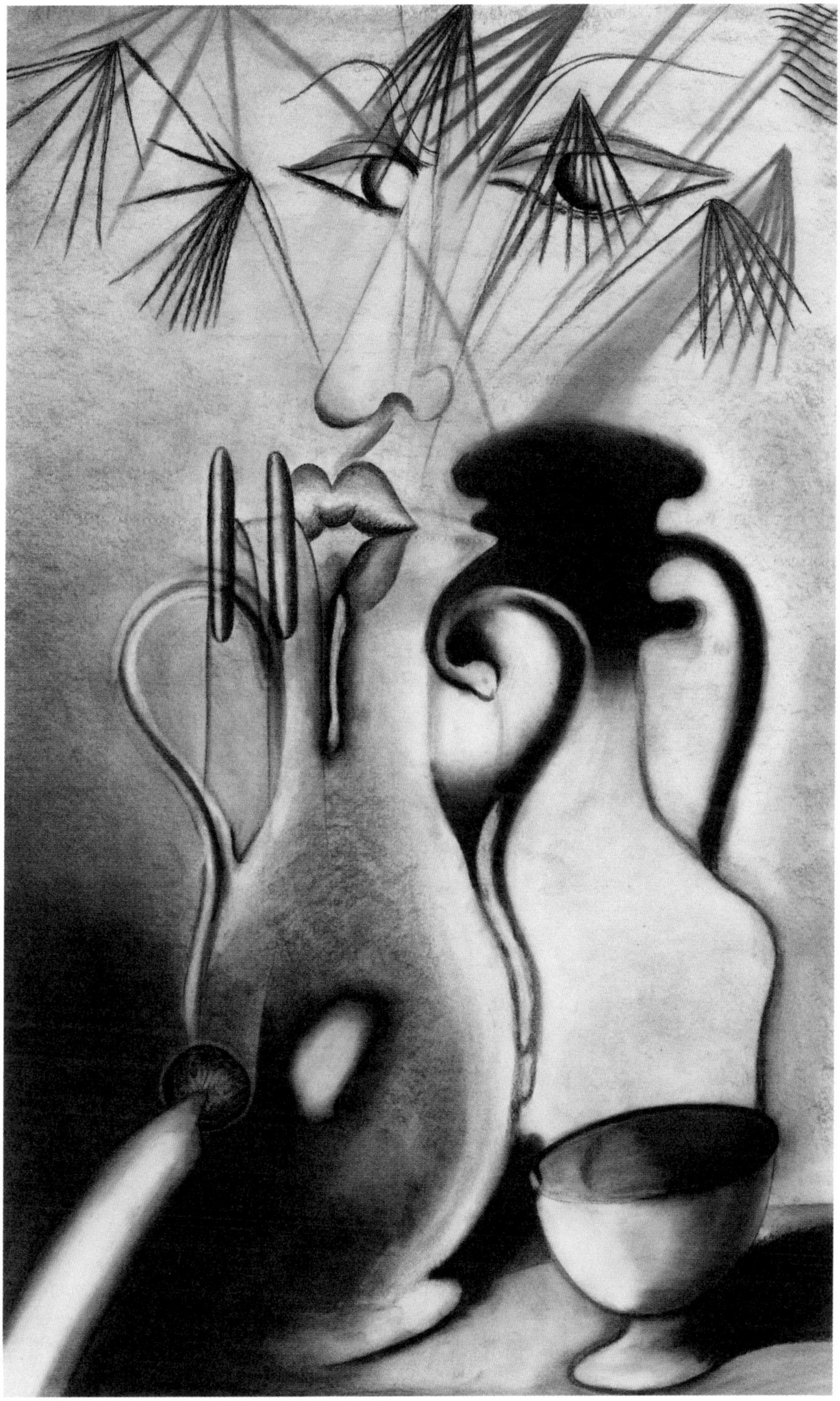

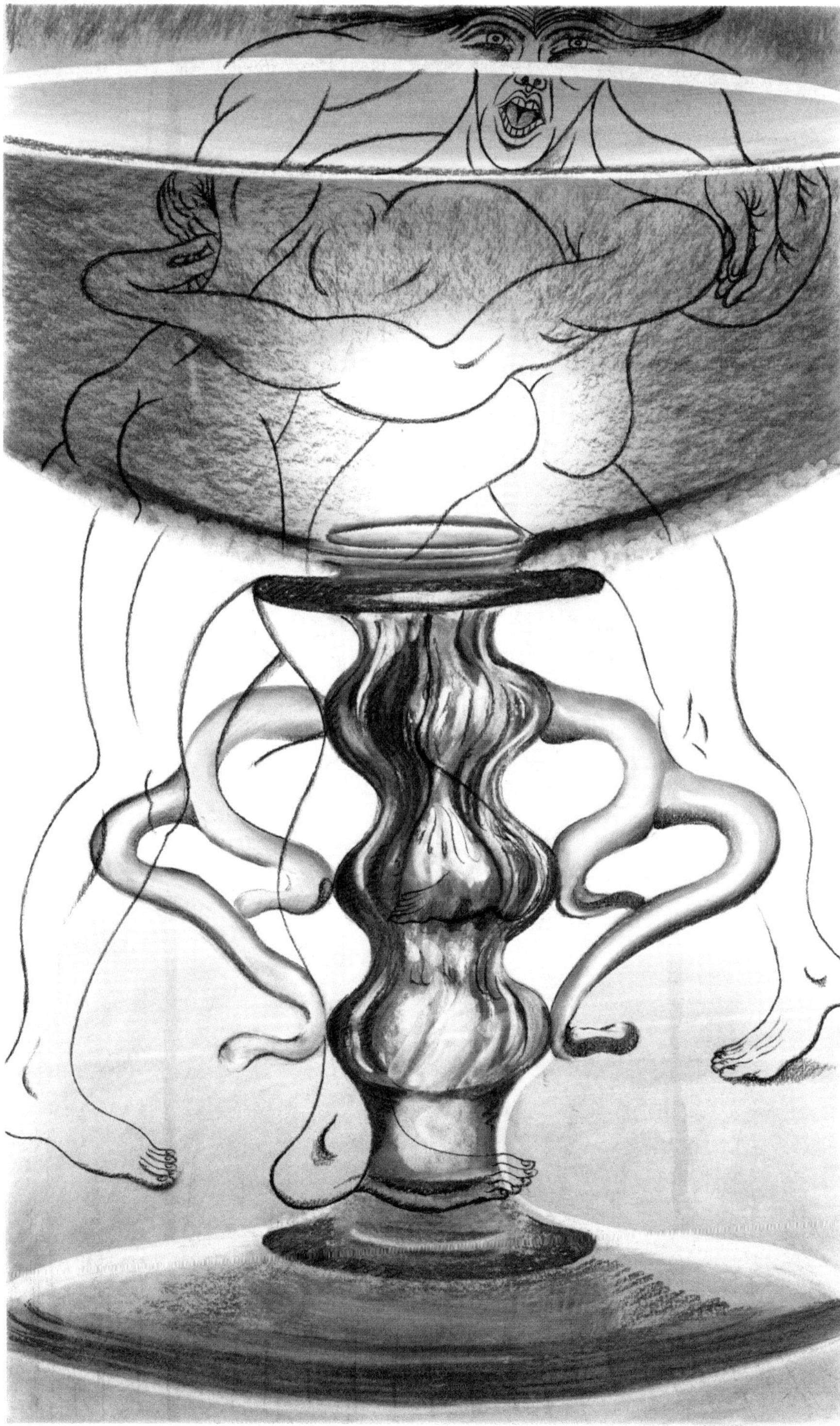

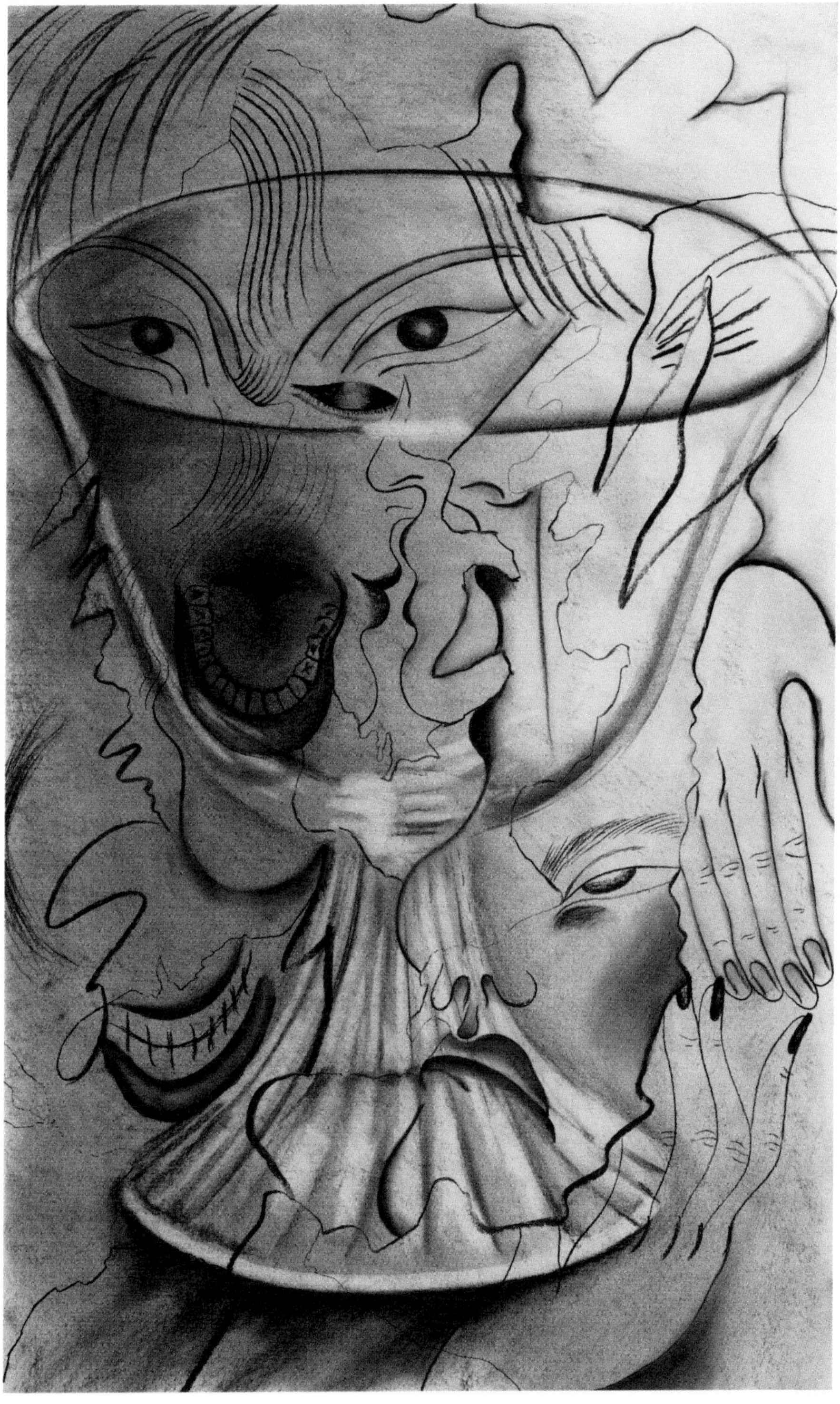

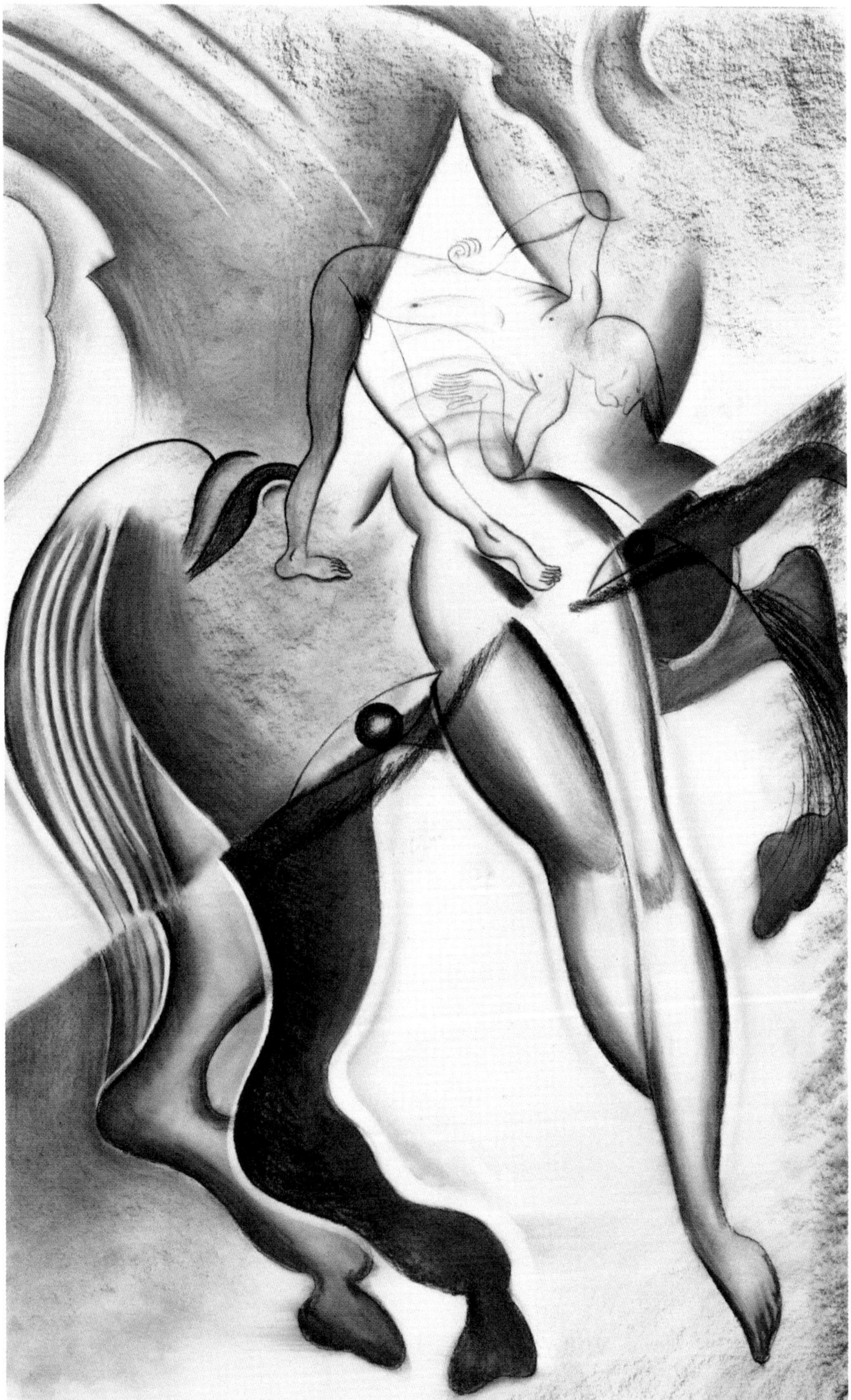

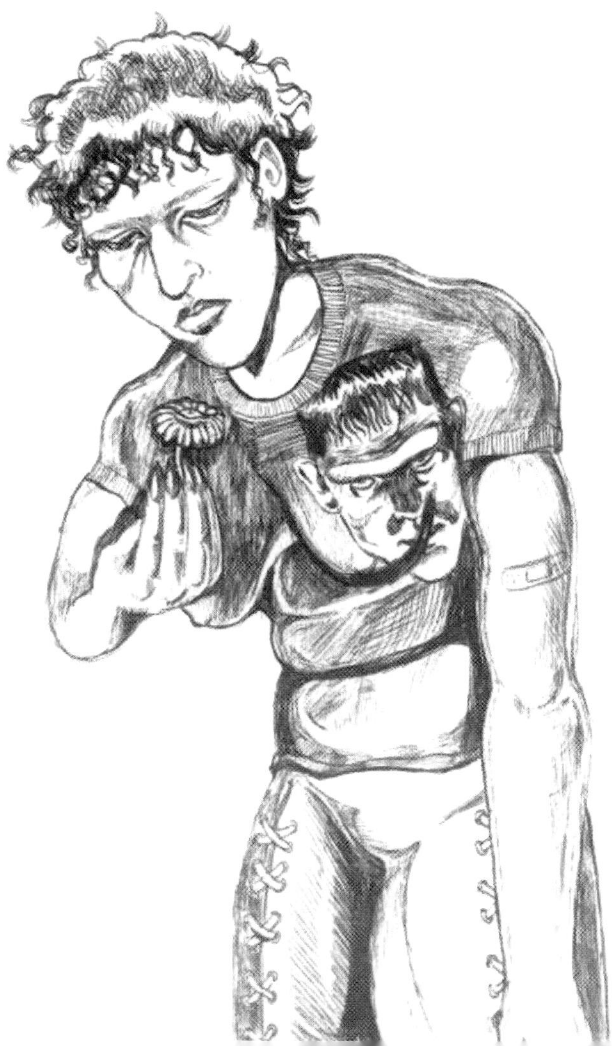

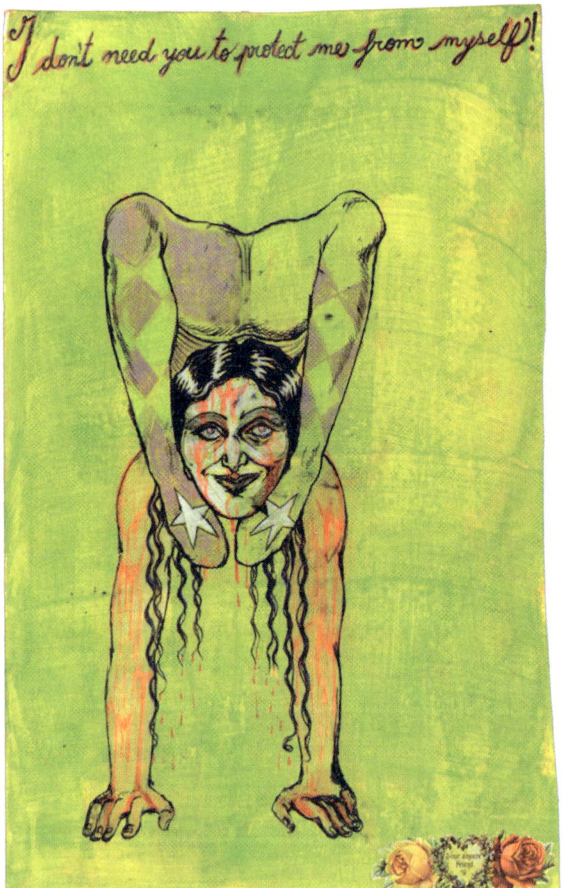
I don't need you to protect me from myself!

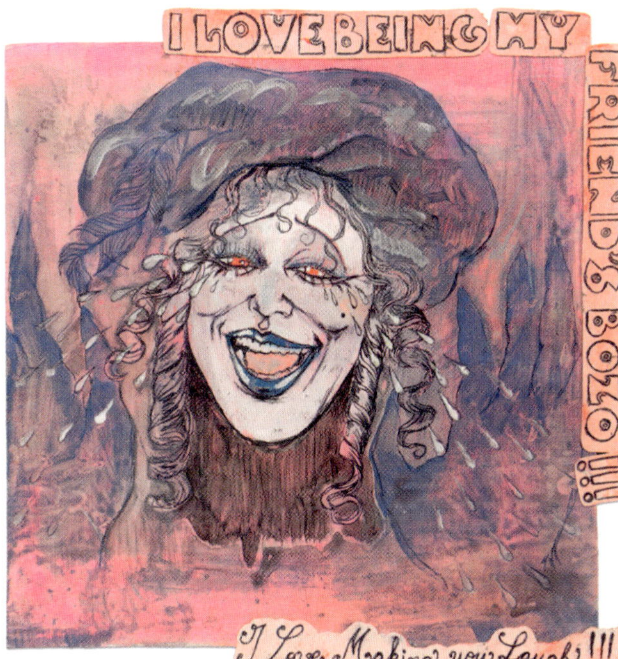
I LOVE BEING MY
FRIEND'S BOZO!!!
I Love Making you Laugh!!!

Florent Morin

Artiste, né en 1991, vit et travaille à Angoulême, www.miyu.fr

Si vous étiez un portrait ? Le *Garçon à la pipe* de Pablo Picasso.

Qui représenter ? C'est une question que je préfère ne pas me poser a priori. Le dessin impose sa propre logique, l'idée est de découvrir en faisant. Je redessine des images qui m'appellent, dans un sens ce sont elles qui me choisissent autant que l'inverse.

Qui pour vous représenter ? Des amis très proches.

Le portrait parfait ? Ce serait sûrement un portrait qui resterait sur le seuil, qui ne chercherait pas à trop en dire, mais qui saurait faire voir le mystère sans chercher à élucider quoi que ce soit. Un portrait qui laisserait apparaître la distance, même dans l'intime.

Votre portrait craché ? Le Joueur de flûte de Hamelin.

Le portrait impossible ? Je ne saurais pas être définitif sur cette question, qu'est-ce qu'un portrait impossible ? Peut-être celui auquel on ne pense même pas, une représentation pas encore soupçonnée ?

P. 115 : *Figure anthropomorphe, d'après les peintures rupestres du désert de Ténéré*, 17,5 x 24 cm.
P. 116 : *Gueule cassée, première guerre mondiale*, 17 x 24 cm.
P. 117 : *Sainte Véronique, d'après Rogier Van Der Weyden*, 6 x 17,7 cm.
P. 118 : *Les Trois Grâces, d'après une scène de Carnaval*, 19 x 18 cm.
P. 119 : *Colin Powell*, 13 x 21 cm.
Tous les dessins : fusain et pastel gras, 2021. Courtesy de l'artiste et de la Galerie Miyu.

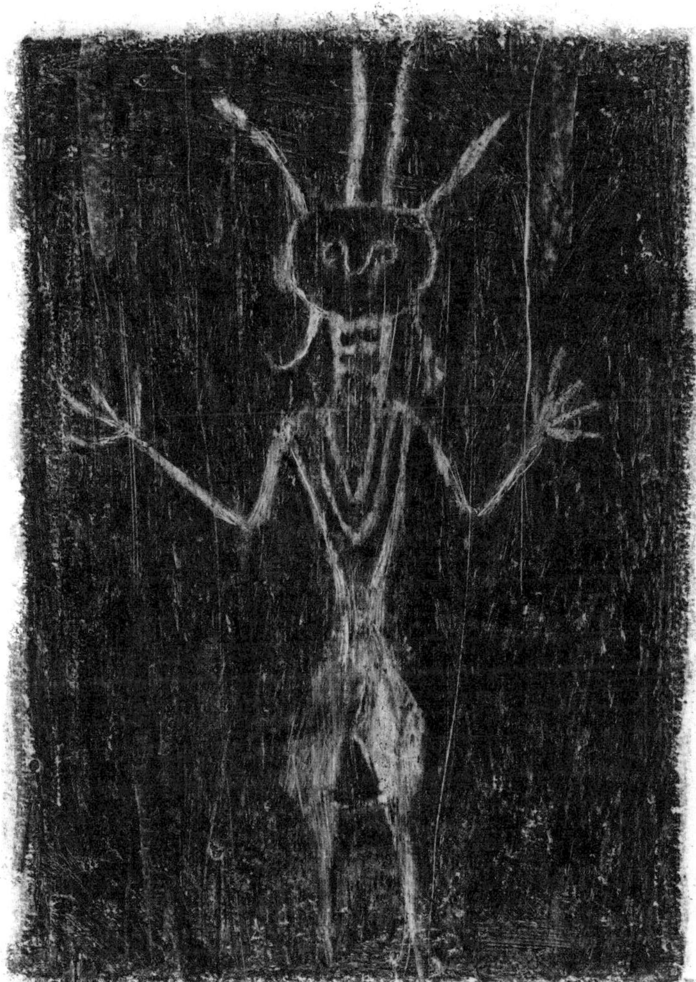

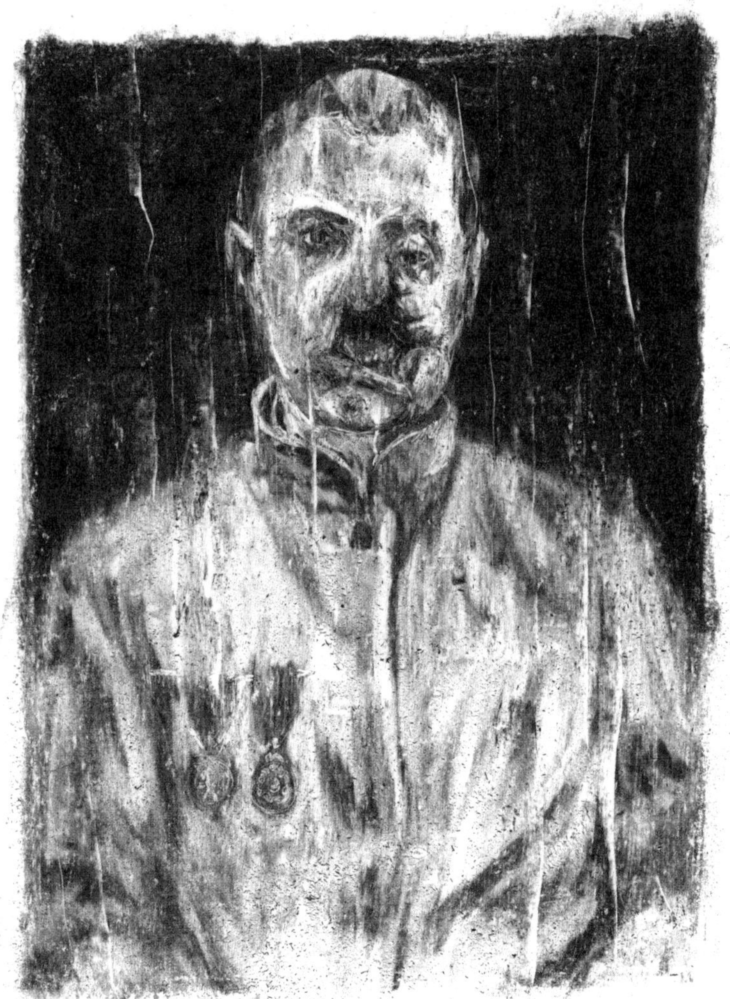

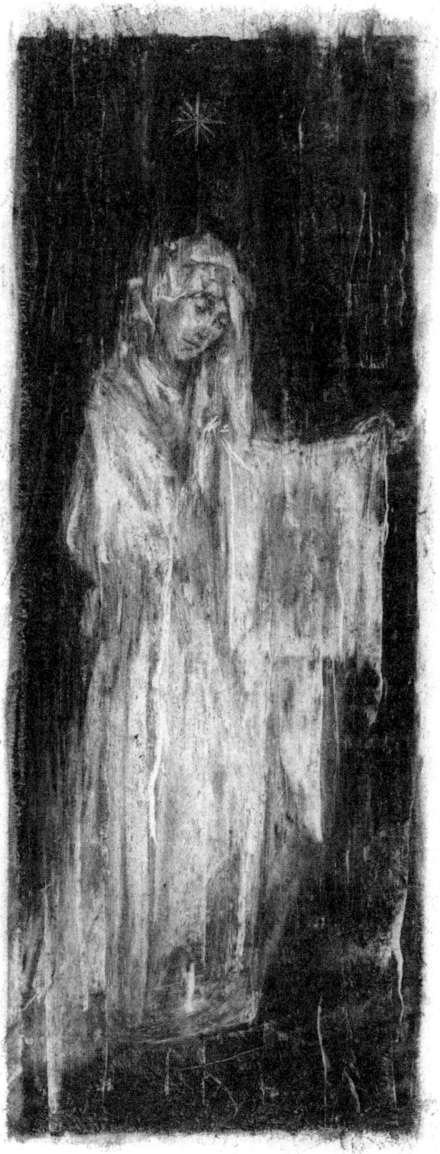

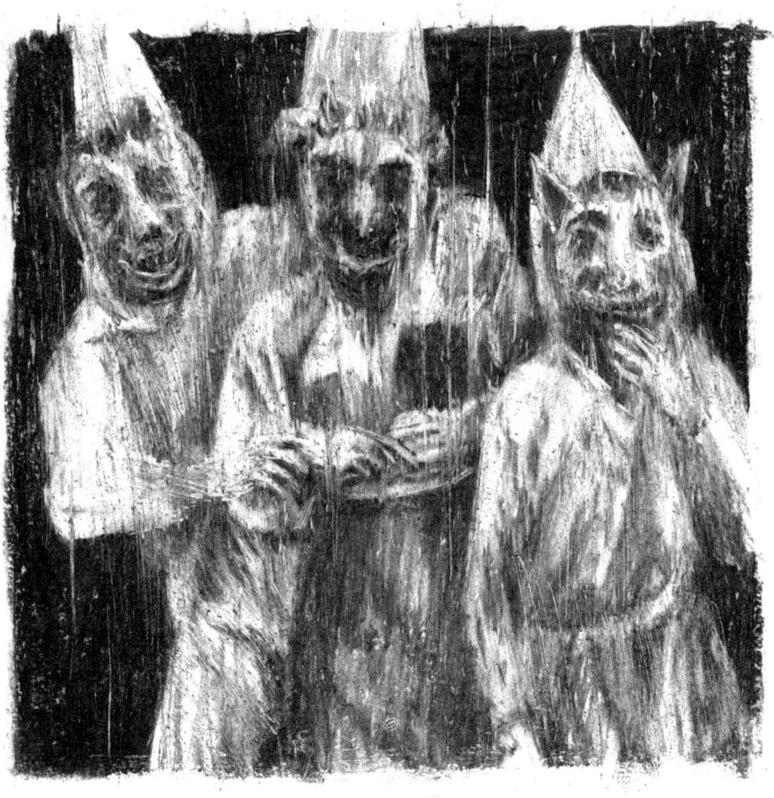

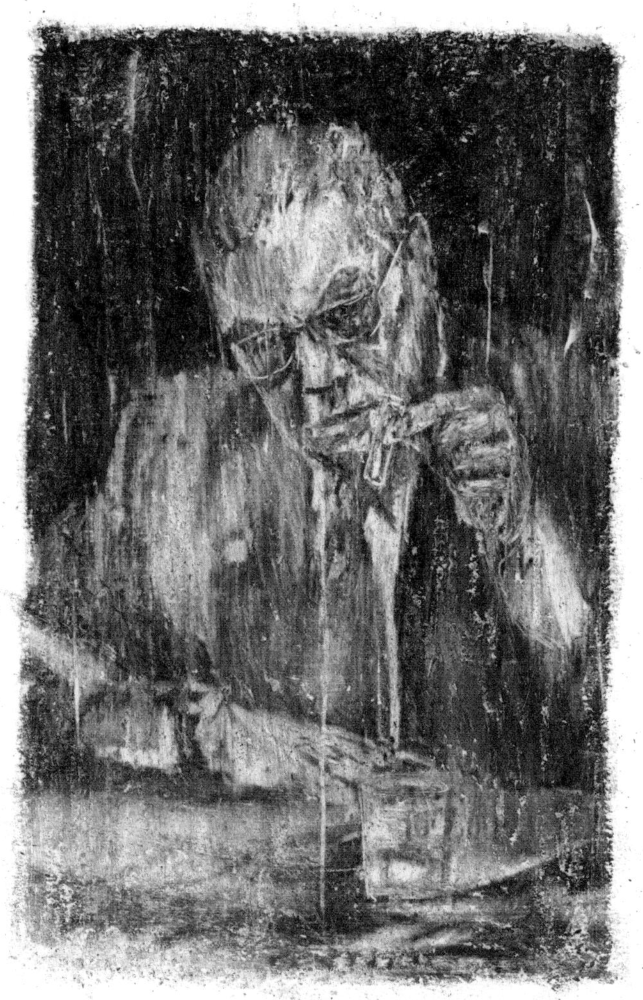

William Wegman

Artist, born in 1943, lives and works between New York and Maine, www.williamwegman.com

If you were a portrait?

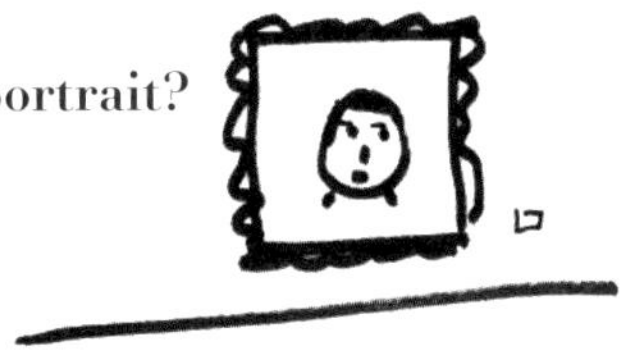

Who do you like to draw?

GILBERT STUARD (SP)

Who would you choose to make your portrait?

STUARD GILBERT (SP)

The perfect portrait?

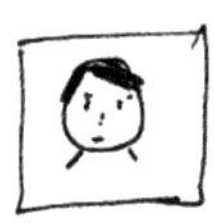

A+

Your spitting image?

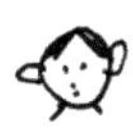

C-

The impossible portrait?

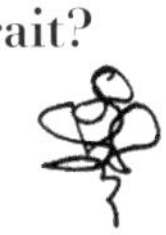

P. 121 : *Untitled (wigs)*, ink on paper, 11 x 8 1/2 inches, c. 1976.
P. 122 : *Wiliam Wegan*, ink on paper, 8 1/2 x 11 inches, 2017.
P. 123 : *Springfield Students Hair*, pencil and ink on paper, 11 x 12 1/2 inches, 1975.
P. 124 : *Hope*, watercolor on paper, 17 x 14 inches, 1982.
I Have a Large IQ and Shirt, pencil on paper, 12 x 9 inches, 1976.
This guy got shot..., ink and gouache on paper, 14 x 11 inches, 1984.
C J Jung, pencil on paper, 11 x 8 1/2 inches, nd.
P. 125 : *Cher by Wegman*, ink and watercolor on paper, 11 x 8 1/2 inches, 1975.
Courtesy Galerie GP & N Vallois, Paris.

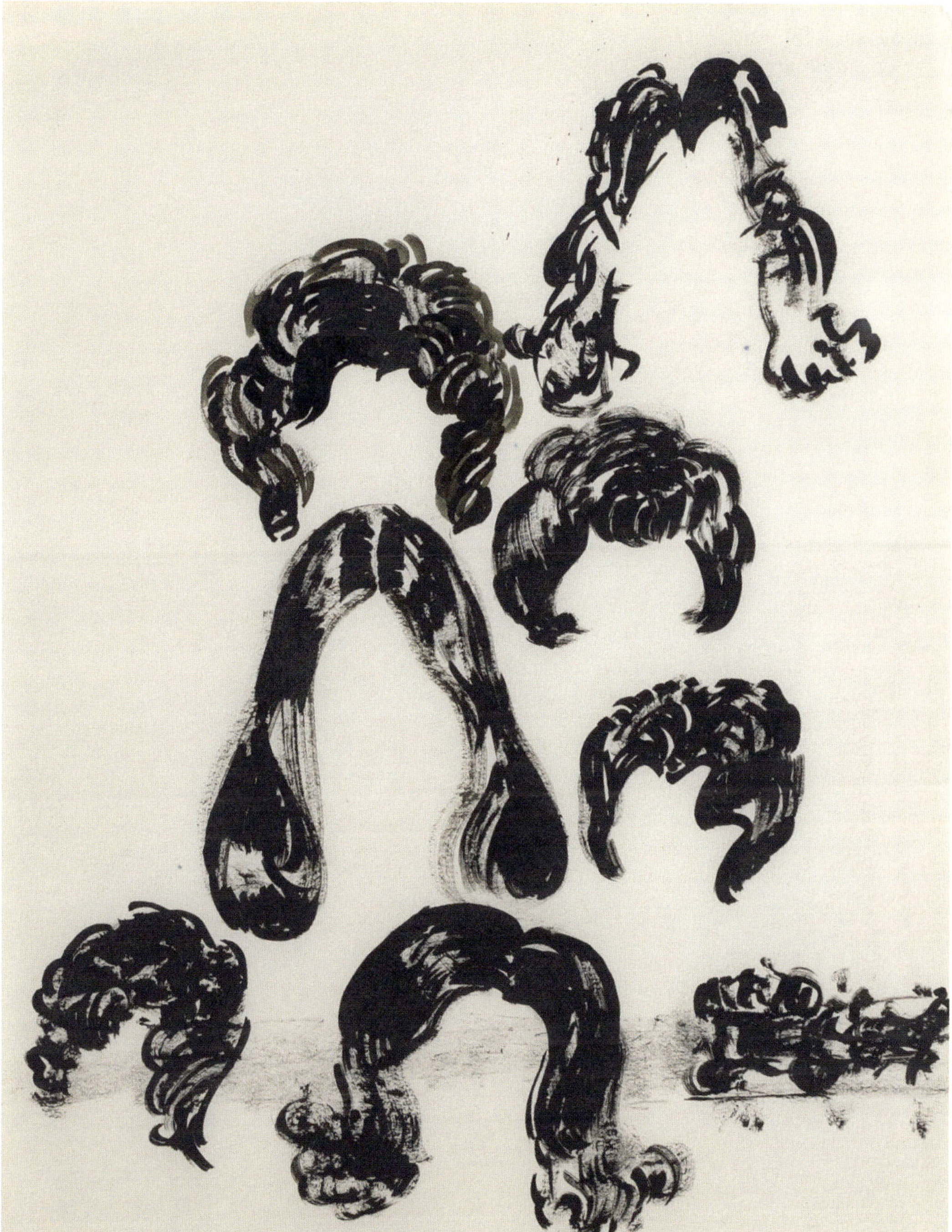

WILIAM
WEGAN

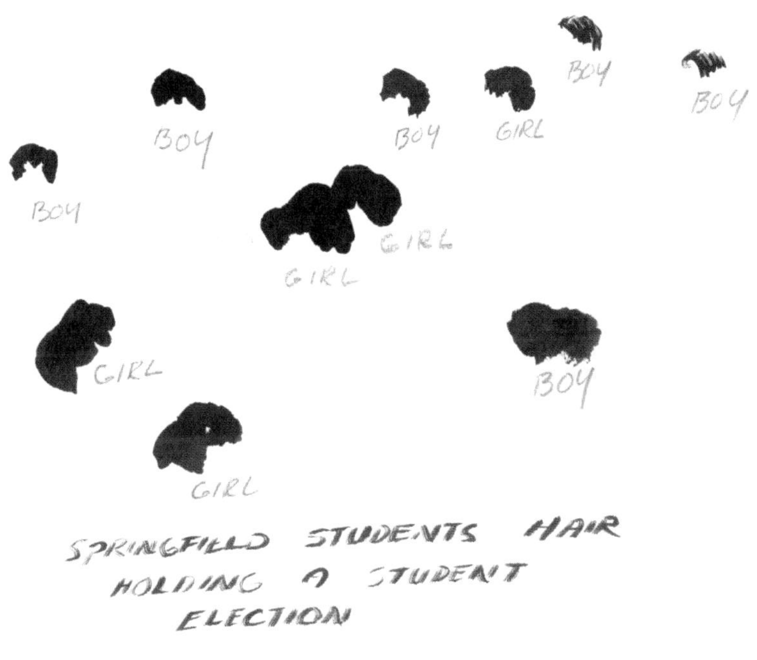
BOY
BOY
BOY
GIRL
BOY
BOY
GIRL
GIRL
GIRL
BOY
GIRL
SPRINGFIELD STUDENTS HAIR
HOLDING A STUDENT
ELECTION

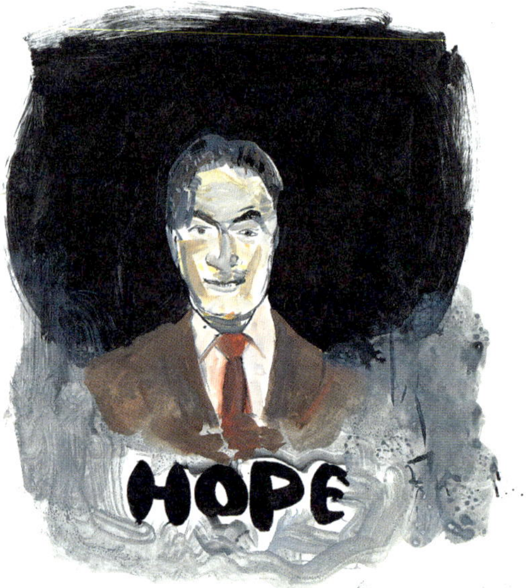
HOPE

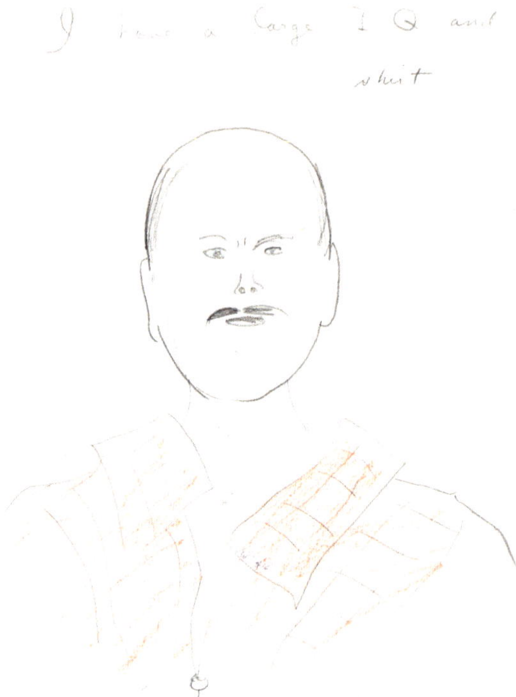
I have a large I Q and
shit

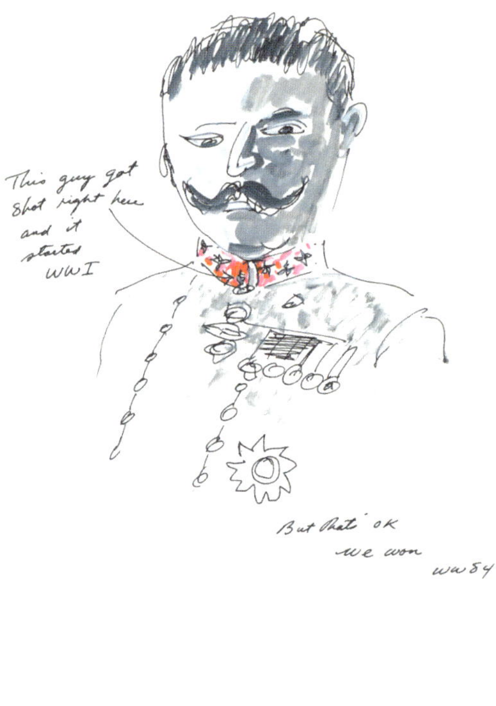
This guy got shot right here and it started WWI
But that OK
we won
ww 84

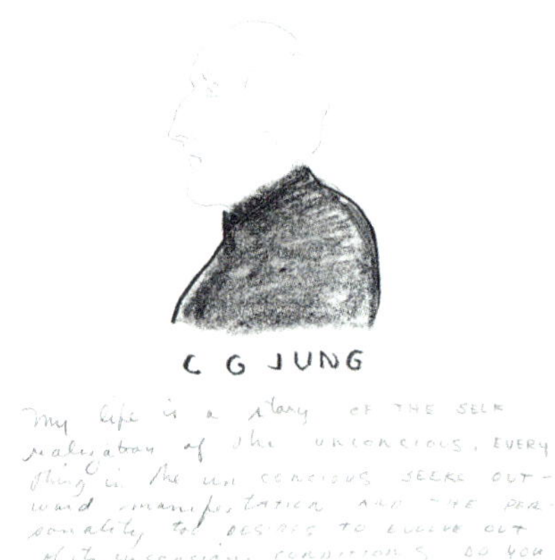
C G JUNG
My life is a story of the self realization of the unconscious. Every thing in the unconscious seeks outward manifestation and the personality too desires to evolve out of its unconscious conditions. Do you want to read about it

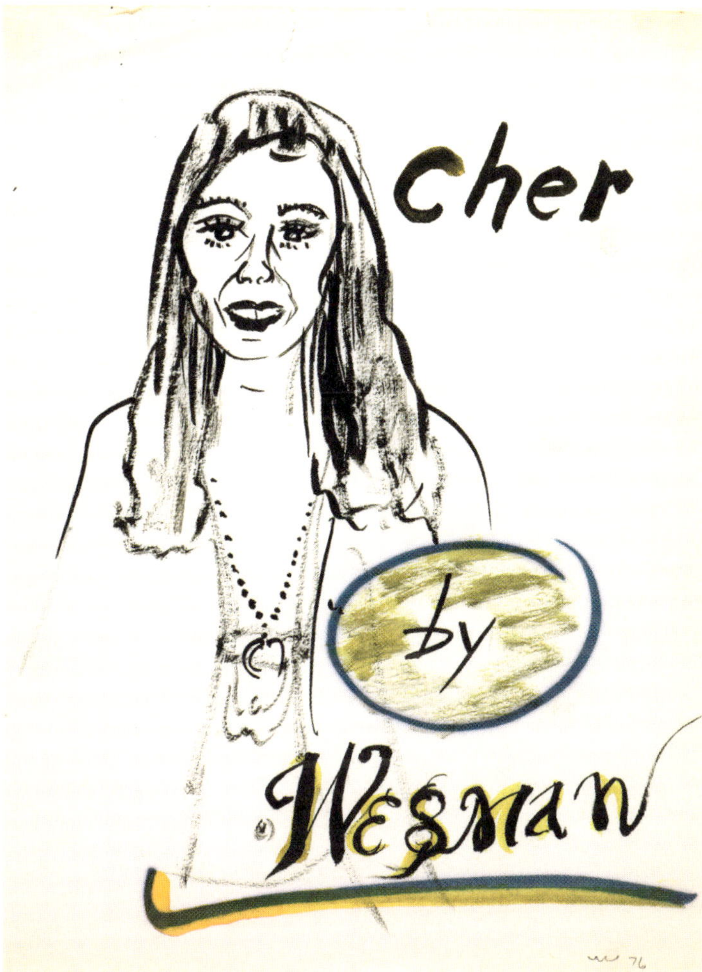
Cher
by
Wesman
W 76

Mattia Denisse

Artiste, né en 1967, vit et travaille à Lisbonne

Si vous étiez un portrait ? Le *Portrait lunatique*, le *Portrait d'Eve* ou encore *Le Jardinier de légumes* de Giuseppe Arcimboldo.

Qui représenter ? Le *Portrait lunatique*, le *Portrait d'Eve* ou encore *Le Jardinier de légumes* de Giuseppe Arcimboldo.

Qui pour vous représenter ? *Flora Meretrix* de Giuseppe Arcimboldo.

Le portrait parfait ? Le *Portrait lunatique*, le *Portrait d'Eve* ou encore *Le Jardinier de légumes* de Giuseppe Arcimboldo.

Votre portrait craché ? Le *Portrait lunatique*, le *Portrait d'Eve* ou encore *Le Jardinier de légumes* de Giuseppe Arcimboldo.

Le portrait impossible ? Dieu par lui-même.

Antonomases, impression monotype sur papier, 51 x 36 cm, 2019. Vue de l'exposition *Hápax* au Grand Café, centre d'art contemporain de Saint-Nazaire, 2023. Photographie Marc Domage.

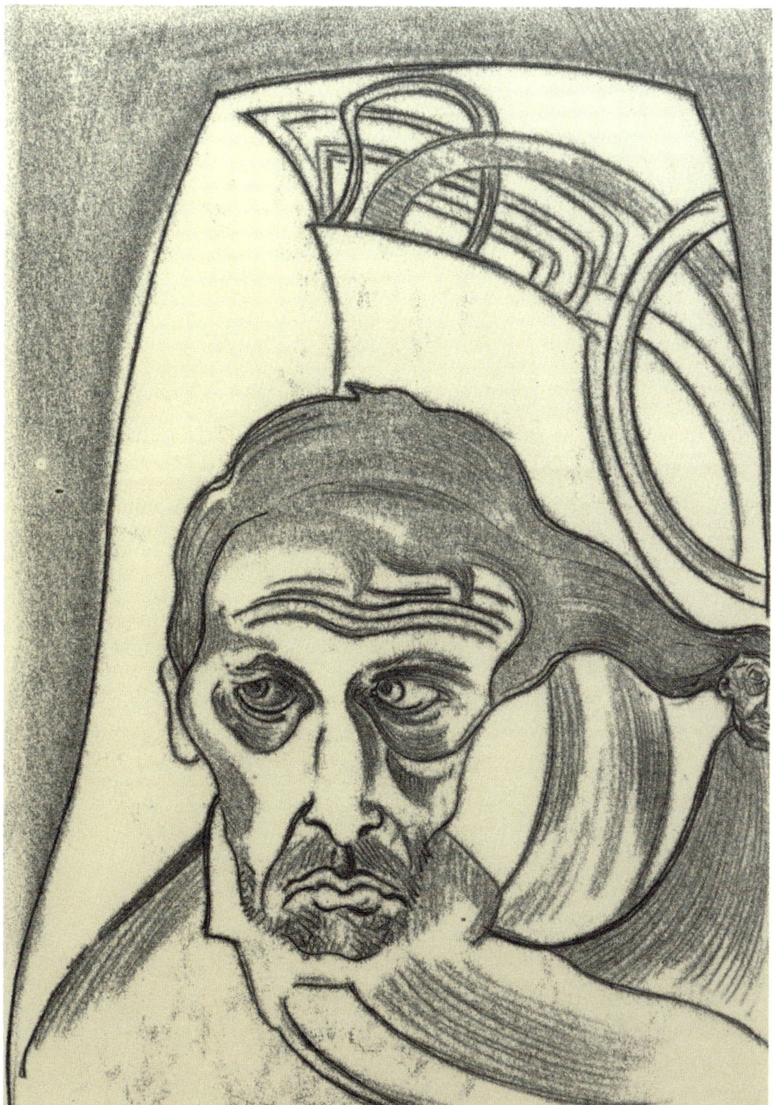

Adrien Fregosi

Artiste, né en 1980, vit et travaille à Sète,
@adrien.fregosi

Si vous étiez un portrait ? Une allégorie. J'aimerais bien être un paysage naturel, un truc calme, une maison de campagne, une haie de lilas. Malheureusement je ne suis rien de tout ça, ahahah. Plutôt un gros tas de nœuds ou un puzzle éparpillé par terre.

Qui représenter ? Mais tout le monde évidemment, tout le monde compte. Après on peut commencer par celles et ceux qu'on aime et graduellement s'intéresser aux vampires et aux politiciens. L'important, c'est que derrière chaque visage il y a une histoire. Et chacune d'elles nous aide à comprendre mieux notre humanité. Nous sommes capables du pire et du meilleur.

Qui pour vous représenter ? Ma fille Alma. Elle m'a dessiné l'autre jour et c'était un moment intéressant. Elle grandit et s'intéresse maintenant au réel. Avant cela elle dessinait son monde fantastique. J'ai apprécié sa franchise, sa manière de justifier les défauts de mon visage, de ma posture. La nécessité de les faire apparaître. Elle était dans le vrai, sans détour. C'est peut-être à cela que sert le portrait, montrer les formes du réel.

Le portrait parfait ? J'ai récemment découvert le travail de Larry Stanton lors d'une exposition chez Sultana. Il a immortalisé les visages de nombreuses personnes de la scène gay new-yorkaise des années 80, à laquelle lui-même appartenait. Ses portraits sont bouleversants, fragiles, comme en apesanteur. Pourtant on ressent une urgence, liée au drame du sida qui a lieu.

Votre portrait craché ? Je suis gêné de la référence car son travail est très autobiographique et je ne veux pas phagocyter son œuvre, mais ce serait un personnage de Philip Guston alité. Peut-être dans *Web*, de 1975. Ce tableau résonne avec mes expériences. Je passe beaucoup de temps au lit, j'ai des soucis de santé, et cela affecte aussi ma santé mentale. Je suis admiratif de Guston qui réussit parfaitement à capter le spleen. Cet état de l'âme. On sent qu'il partage un vécu, qu'il témoigne. Et parler aux autres, c'est aider le monde à aller mieux.

Le portrait impossible ? Impossible de représenter ce monde. Ce monde est un tumulte, un gribouillis. Impossible de dessiner la justice sociale également, je ne la vois nulle part. Je ne sais pas à quoi elle ressemble. C'est plus facile de dessiner les fantômes.

P. 129 : *L'Attente.*
P. 130 : *Le Secret.*
P. 131 : *Only with.*
P. 132 : *Kachka.*
P. 133 : *Sans titre.*
Tous les dessins : peinture sur papier, 102 x 72 cm, 2023. Courtesy de l'artiste.

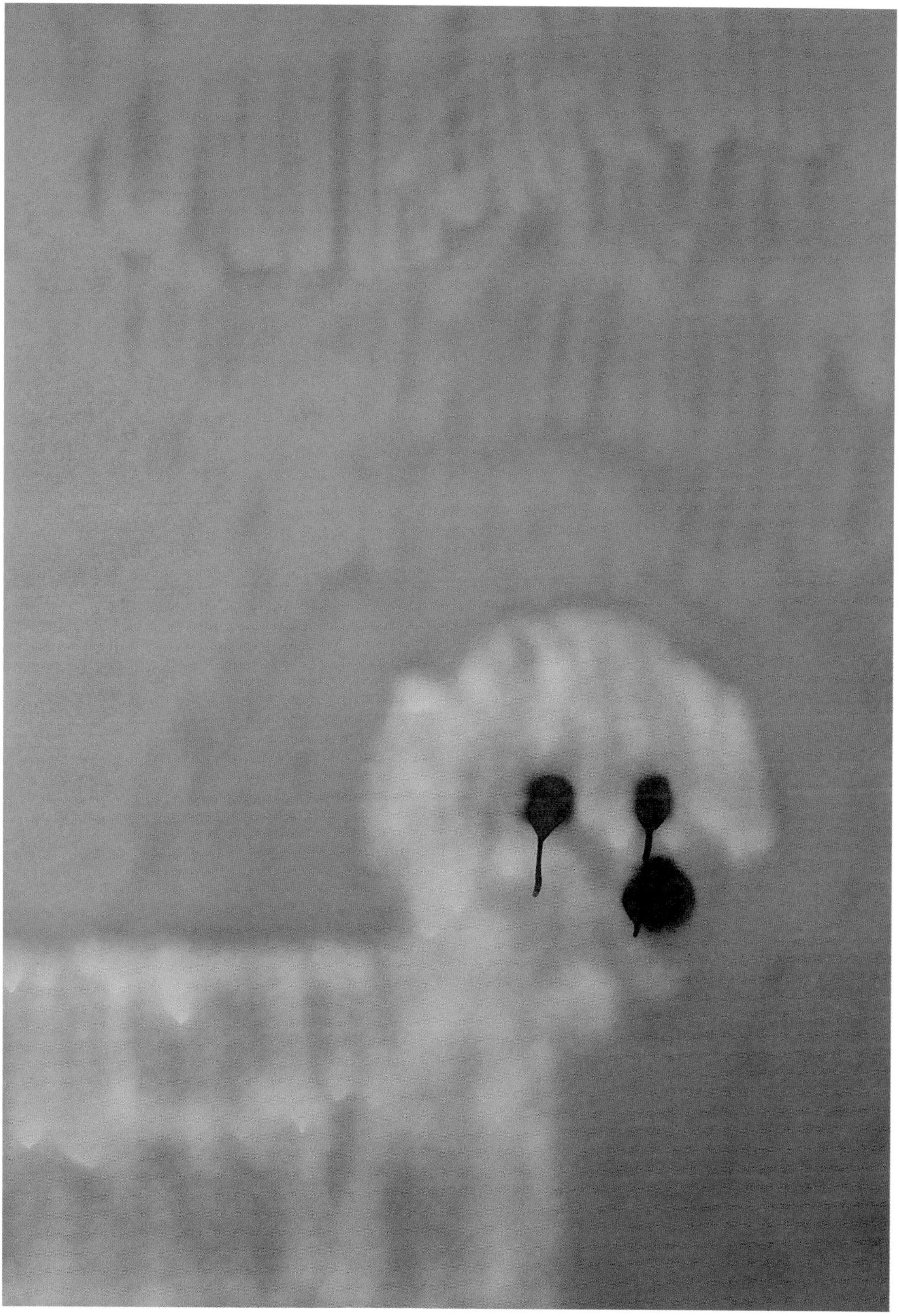

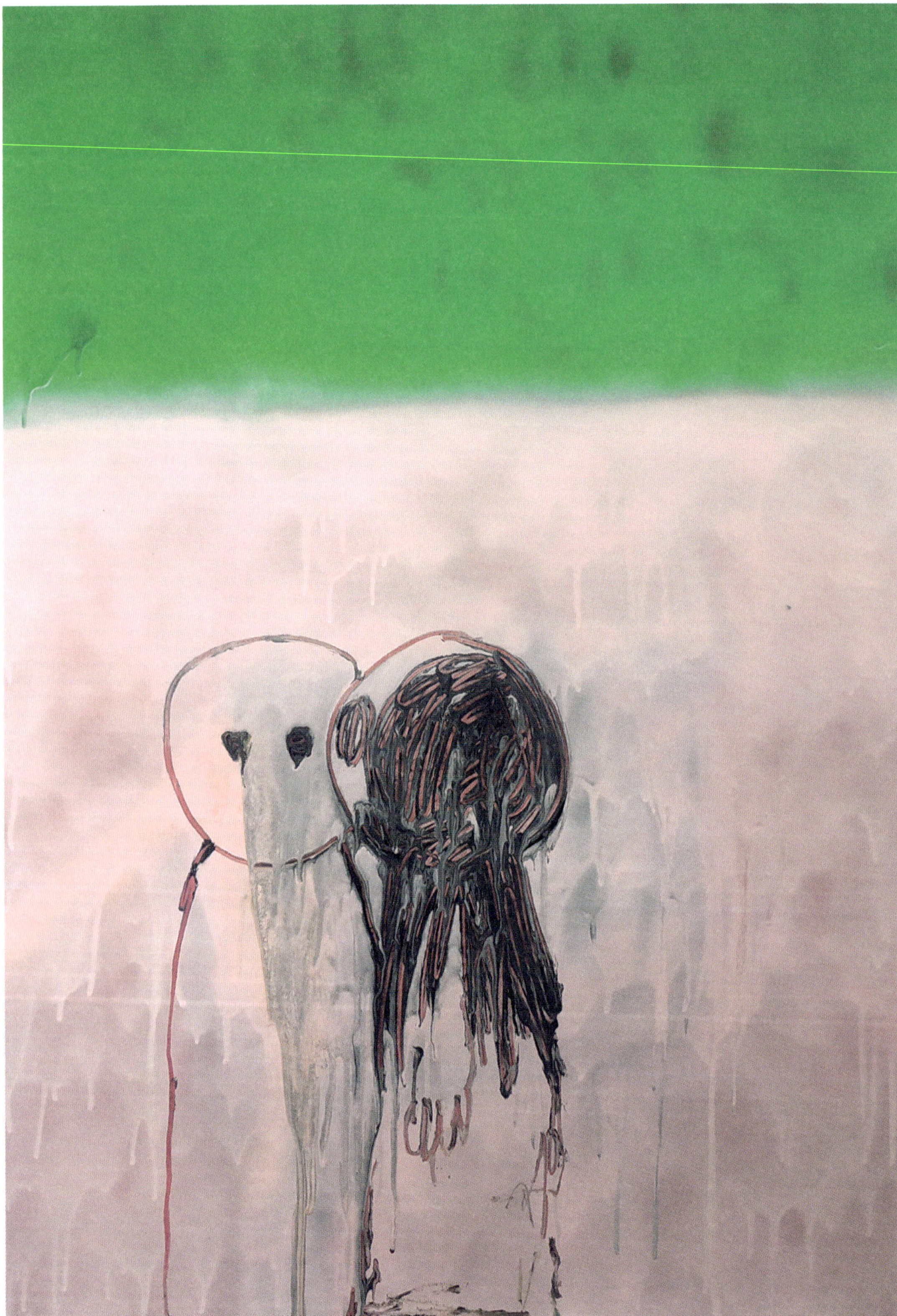

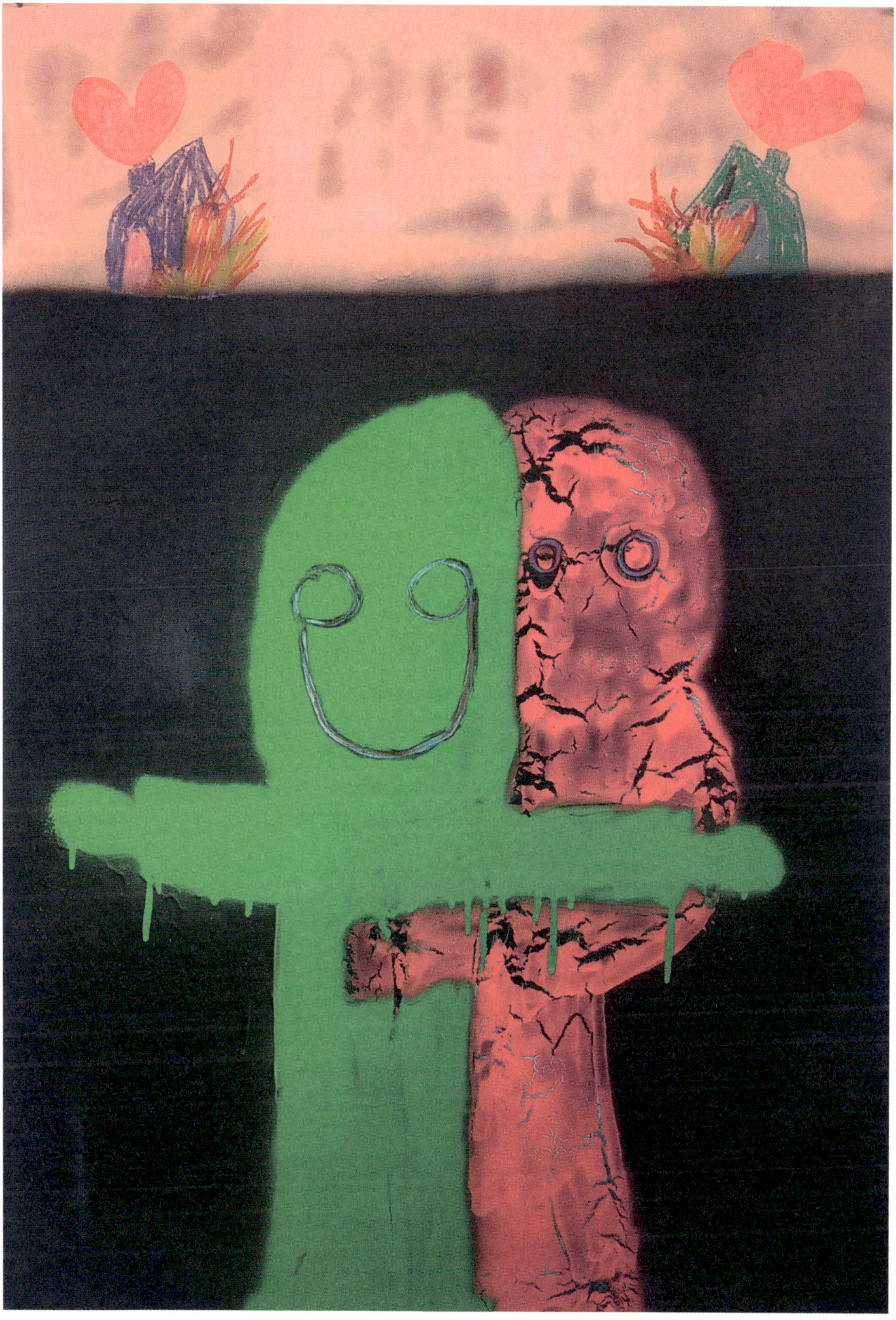

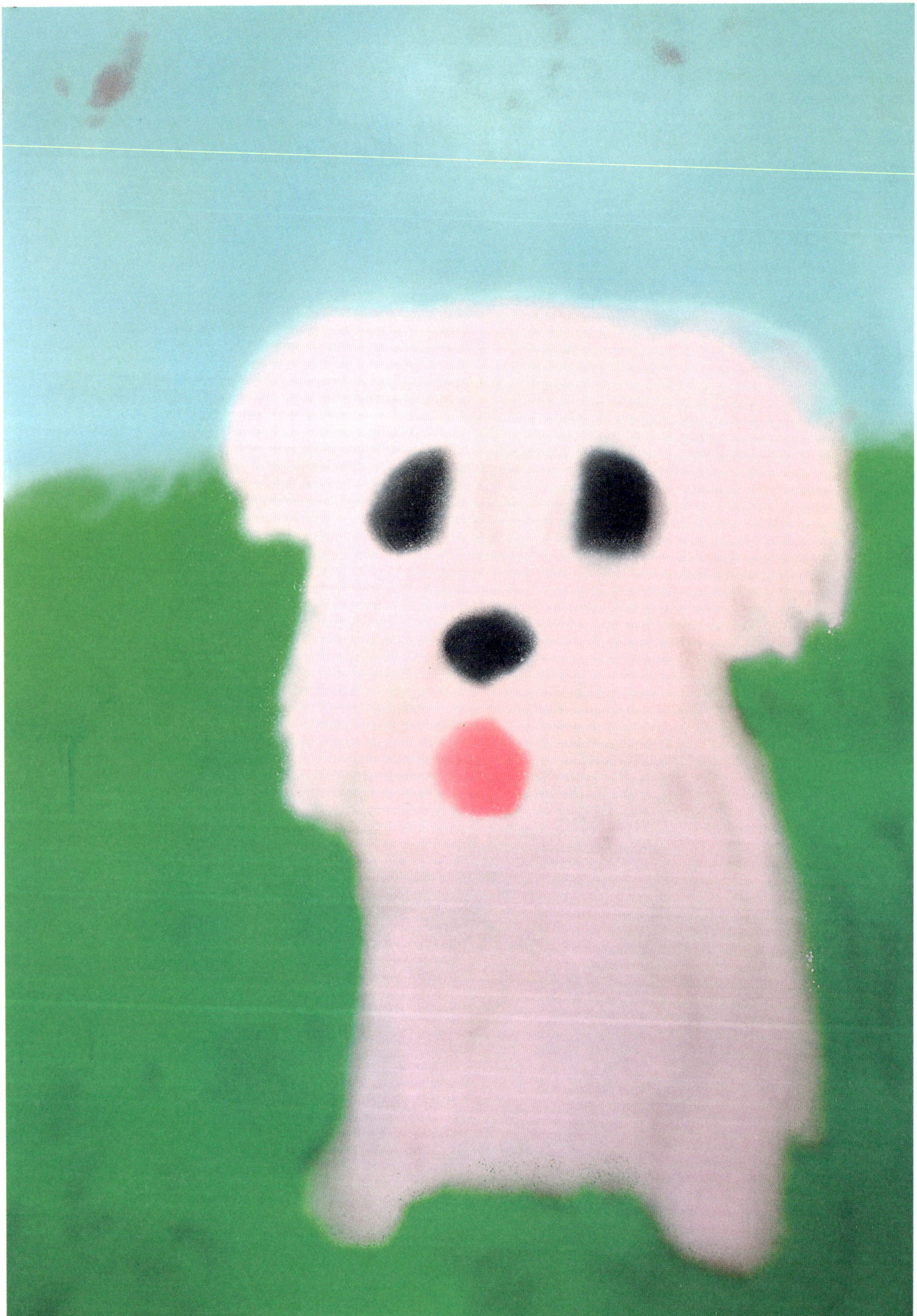

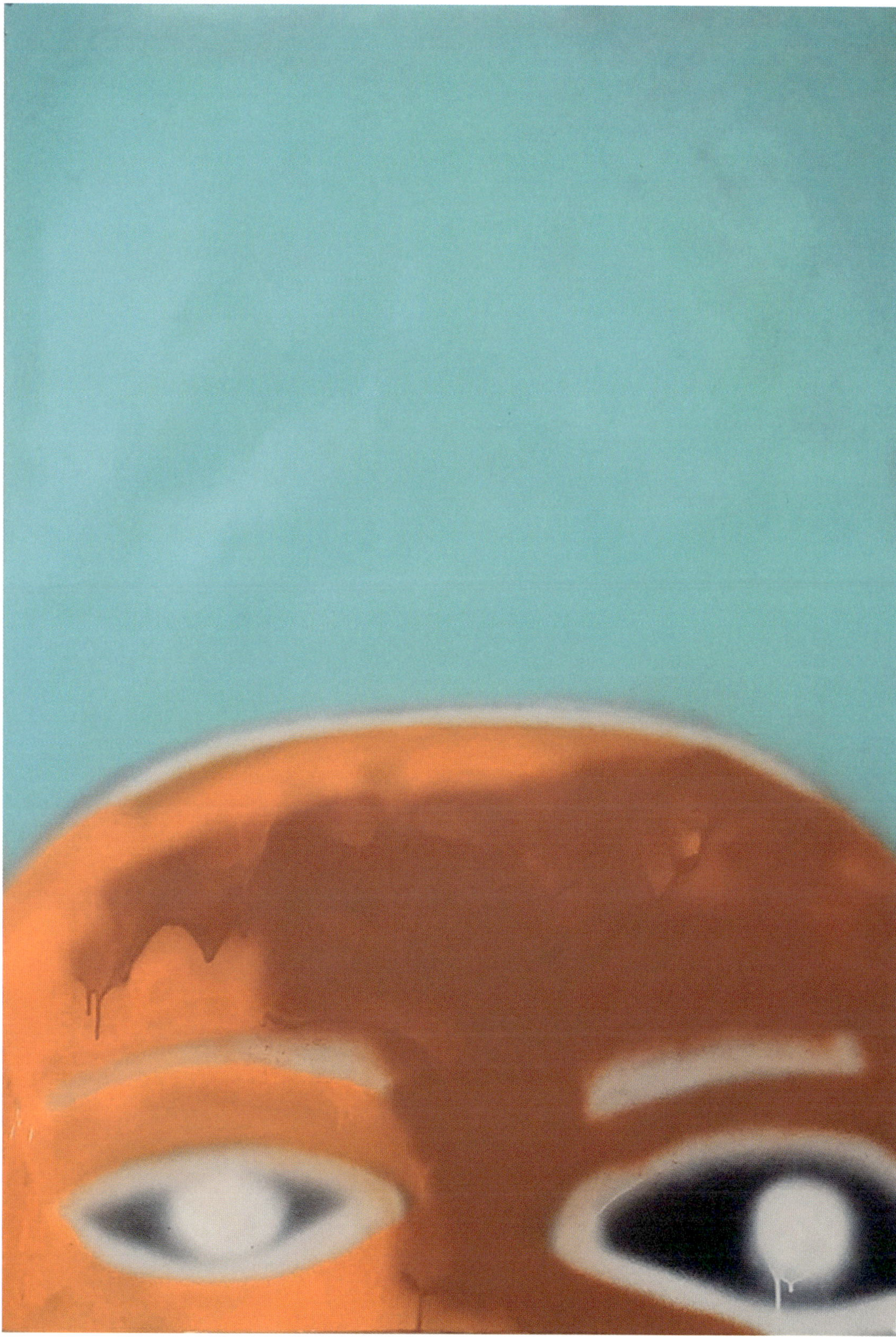

Danielle Orchard

Artist, born in 1985, lives and works in New York,
www.perrotin.com

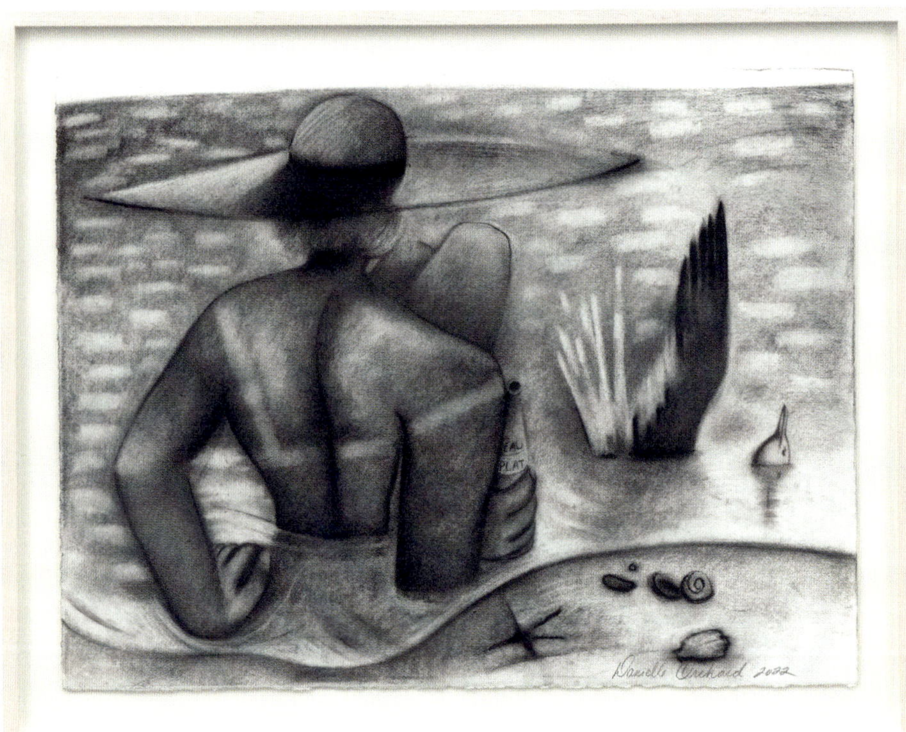

P. 134 : *Icarus II*, 57 x 76 cm.
P. 135 : *Taking On Water*, 57 x 76 cm.
P. 136 : *Péches Plates / Tan Lines*, 76 x 57 cm each.
P. 137 : *Nikki's Last Shower / 3 Women*, 76 x 57 cm each.
All works : charcoal on paper, 2022.
Photo : Claire Dorn.
Courtesy of the artist and Perrotin.

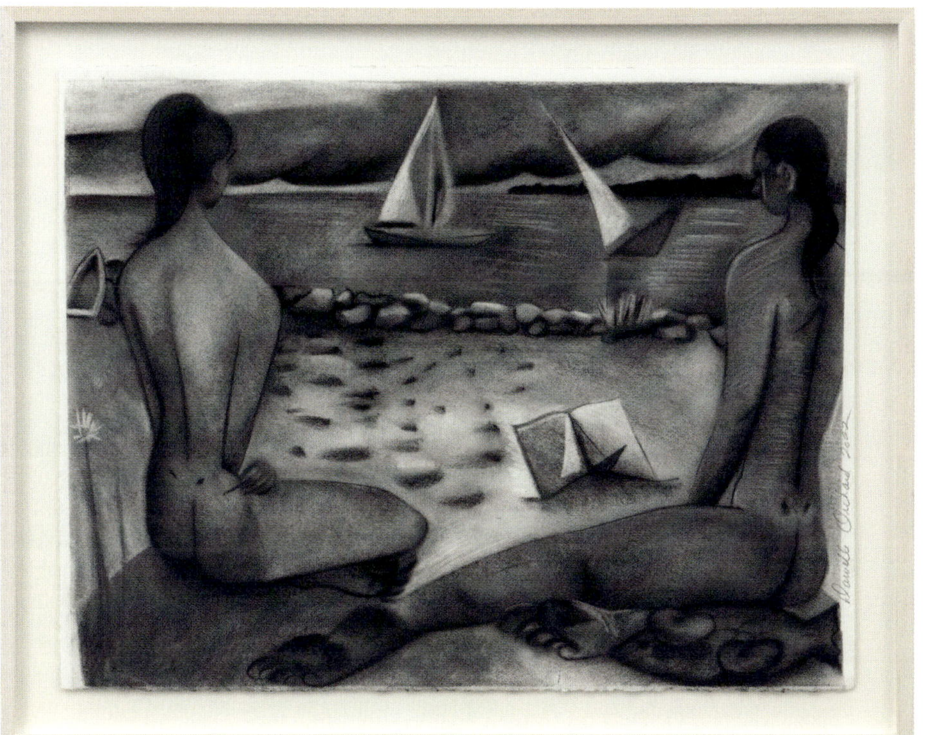

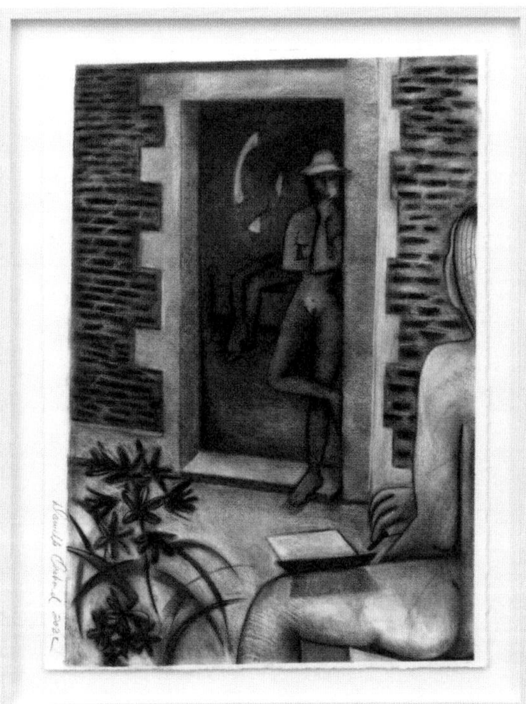
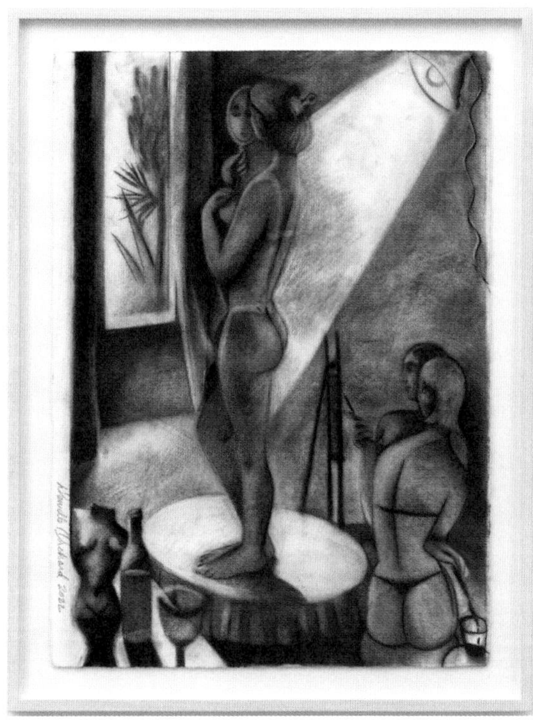

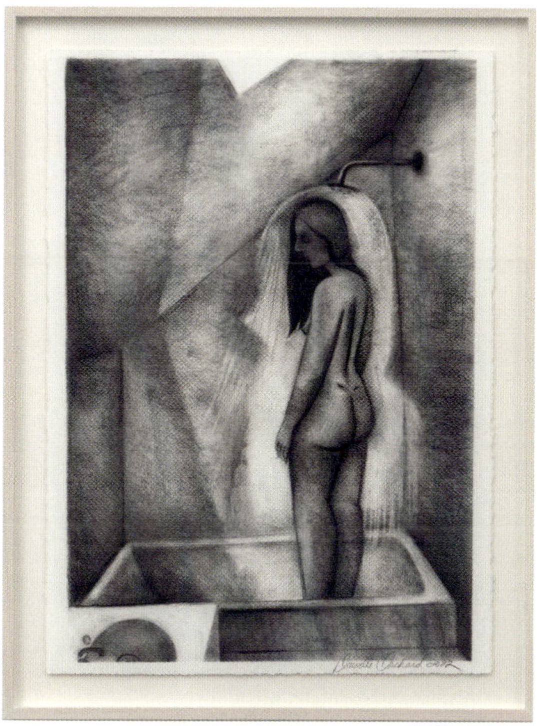

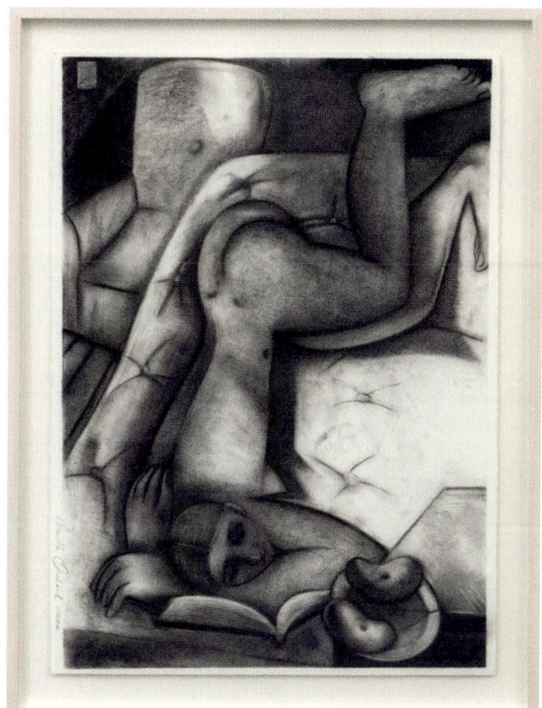

Arturo Herrera

Né en 1959, vit et travaille à Berlin, www.arturoherrera.org

Peintre, sculpteur et photographe, l'artiste d'origine vénézuélienne reconnu internationalement Arturo Herrera procède par recouvrements. Greffant et superposant les images, les sources et les formes entre elles, il en recompose de nouvelles, qui délivrent d'autres récits, enrichis de leurs éléments successifs. Cette série de portraits « augmentés » ou de portraits « cadavres exquis » provenant de la collection de dessins de la Menil Collection à Houston en est un exemple. Cartoonesques, drôles et mystérieux, les collages d'Arturo Herrera deviennent insondables par leur nature plurielle et fragmentaire. Un art de l'entre-deux, celui du passage de la clarté à l'ambiguïté, du figuratif à l'abstrait.

P. 141-147 : All works : *Untitled*, 1997-1998, mixed media collage on paper, 30,5 x 23 cm.

The Menil Collection, Houston, Purchased with funds provided by Helen and Sam Zell.

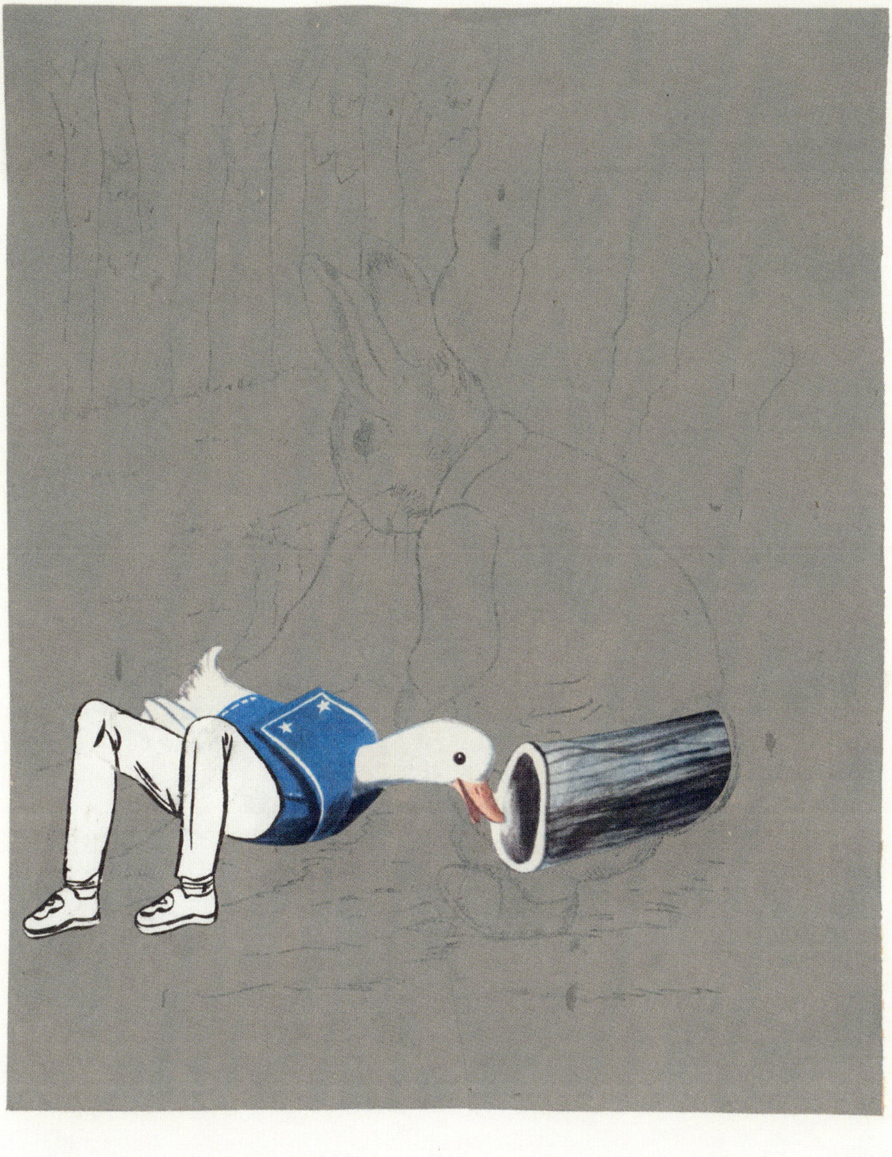

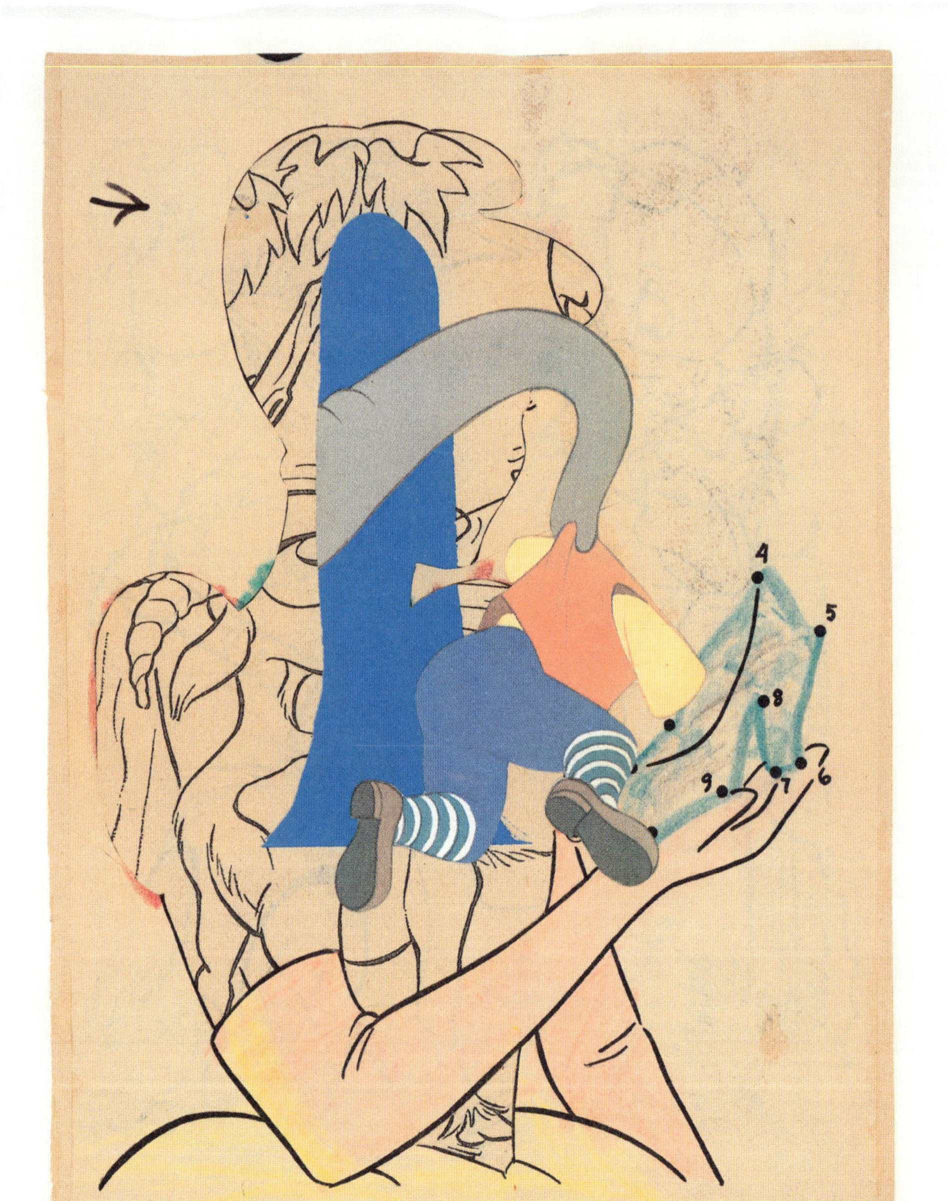
4
5
8
9
7
6

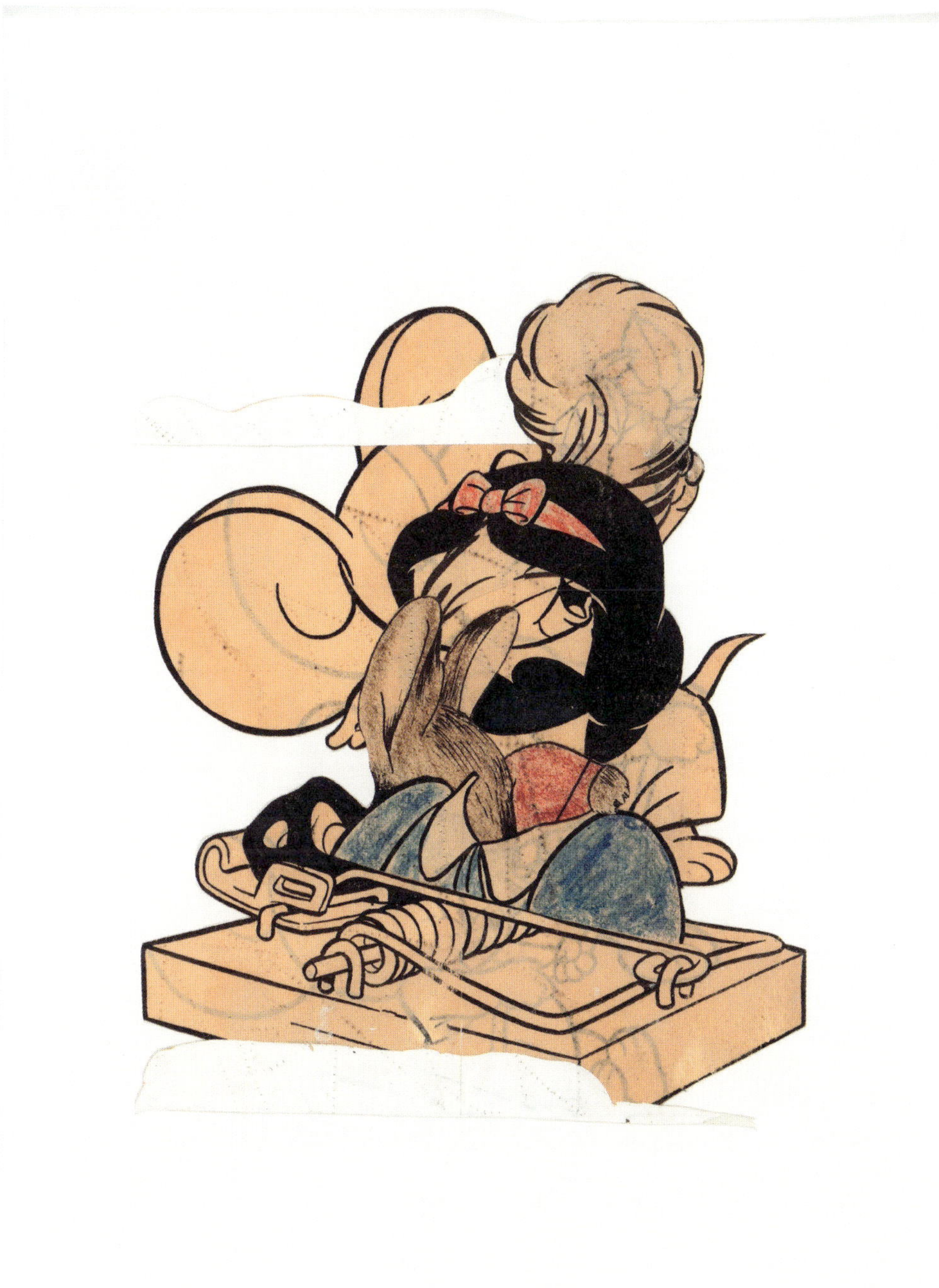

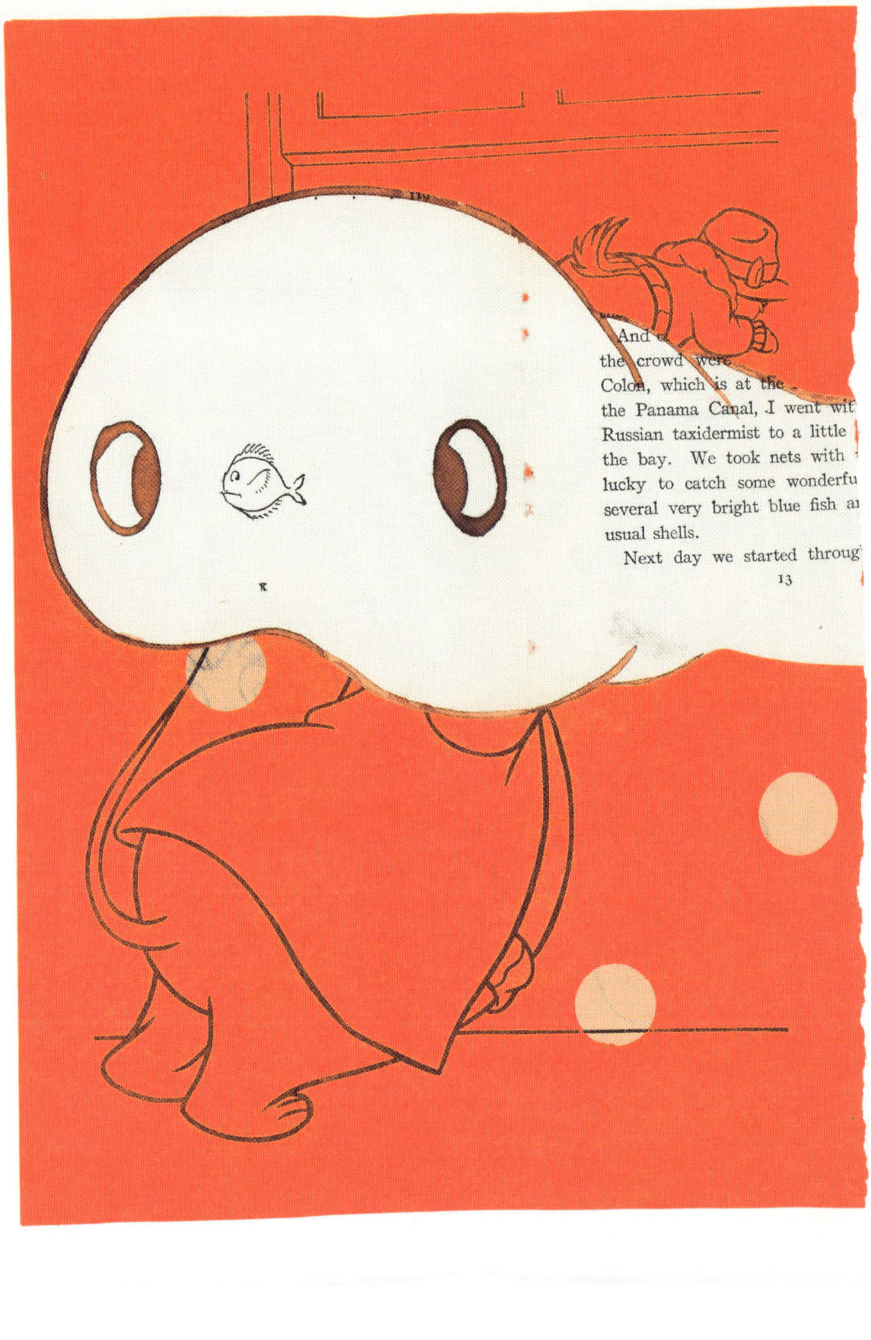
And c
the crowd were
Colon, which is at the
the Panama Canal, I went wit
Russian taxidermist to a little
the bay. We took nets with
lucky to catch some wonderfu
several very bright blue fish a
usual shells.
Next day we started throug
13

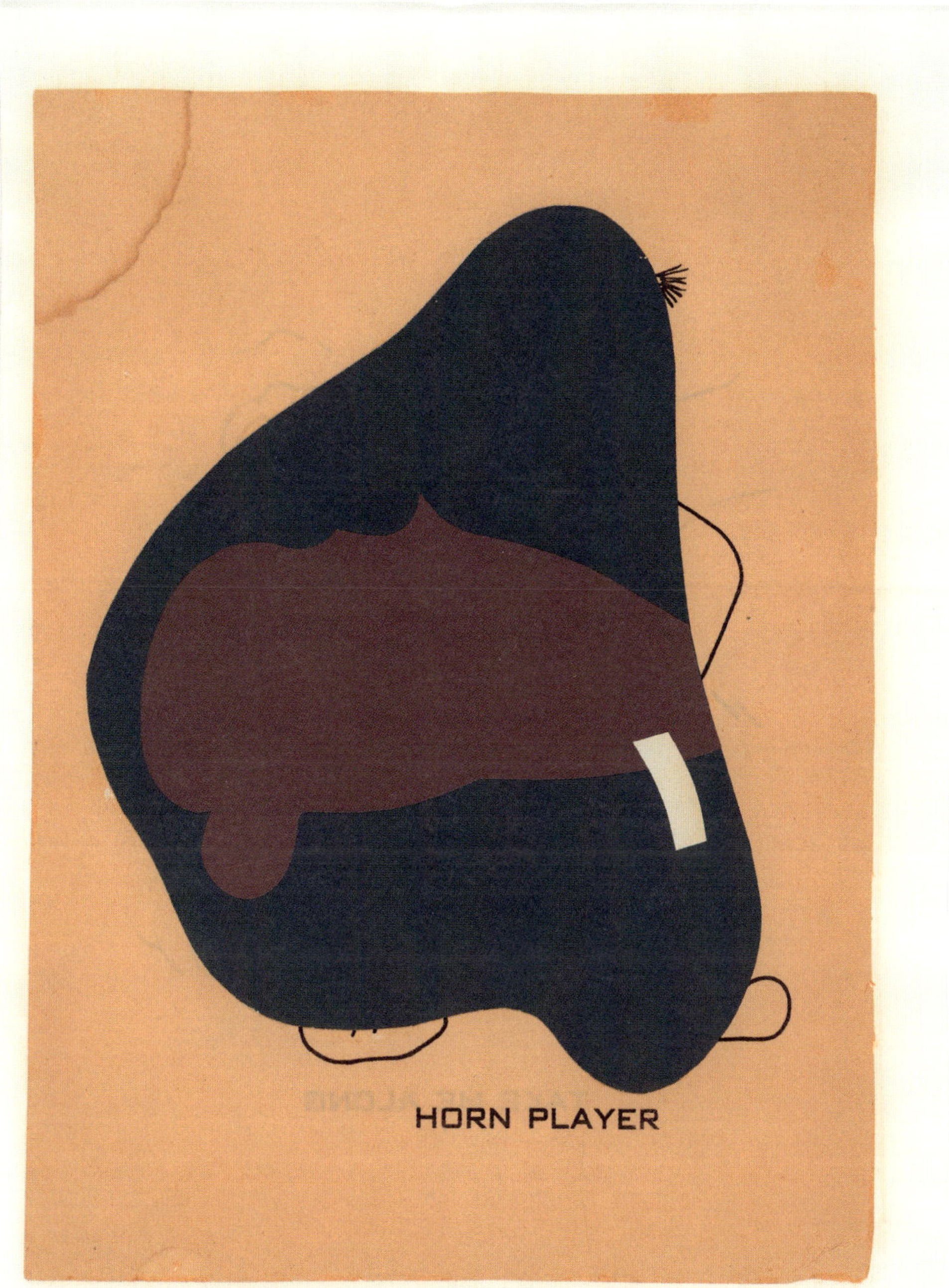
HORN PLAYER

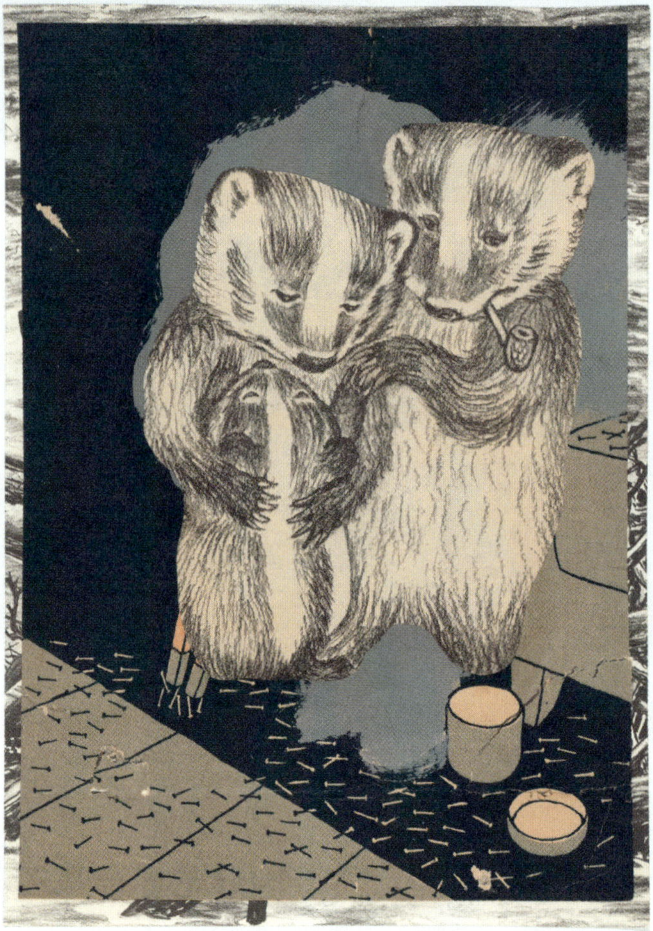

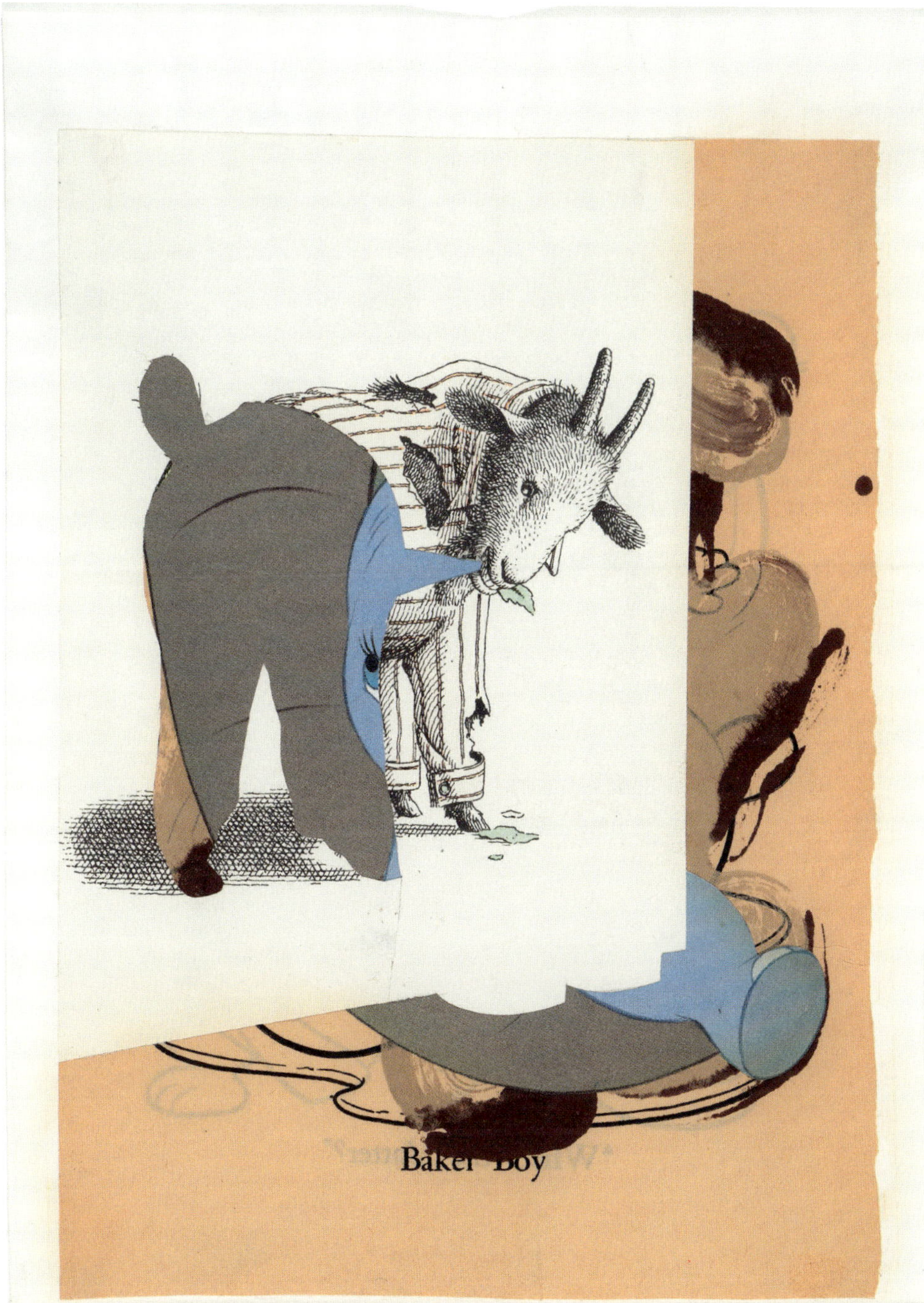
Baker Boy

Biographies

Sophie Barber

Née en 1996, vit et travaille à Hastings. En très grand ou en très petit format, les toiles récentes de Sophie Barber se regardent et se lisent. Mêlant la peinture et le texte, la jeune artiste anglaise fait le portrait de son époque et de ce/ceux qu'elle aime. En fan artiste assumée, elle rend hommage à des figures de l'art ancien, contemporain ou populaire. Les œuvres de Renoir, de Donald Baechler, de Howard Hodgkin et de Wolfgang Tillmans côtoient les visages de David Hockney, de Justin Bieber, de Kim et Kanye, de Kendrick, etc. Entre bannière et vignette, ses toiles non tendues et ses miniatures empâtées sont des œuvres *tribute*, des déclarations amusées au monde et à l'art.

Born in 1996, lives and works in Hastings. Very large or very small format, Sophie Barber's recent paintings lend themselves to looking and reading. Bringing together painting and text, the young English artist paints portraits of her time and of her loved ones.
A self-proclaimed fan artist, she pays homage to figures of ancient, contemporary or popular art. Artworks by Renoir, Donald Baechler, Howard Hodgkin, and Wolfgang Tillmans rub shoulders with the faces of David Hockney, Justin Bieber, Kim and Kanye, Kendrick, etc. Between banner and vignette, unstretched paintings and thick miniatures are arts of tribute, amused statements to the world and to art.

Neïla Czermak Ichti

Née en 1996, vit et travaille à Marseille. Récemment diplômée des Beaux-Arts de Marseille, Neïla Czermak Ichti dessine son monde - amis, proches, parents - qu'elle transforme en personnages inspirés de ses héros de fiction, monstres, sphinges et aliens en tête. D'une écriture réaliste et magique où transparaît son goût pour les mangas, les jeux vidéo, les films d'horreur et la culture populaire, ses représentations et ses portraits racontent son quotidien, sa culture et sa génération. En 2023, son travail a été présenté au MO.CO. Panacée à Montpellier, au centre d'art de la Villa Arson à Nice, à la Villette à Paris et aux Magasins Généraux à Pantin dans une série d'expositions collectives.

Born in 1996, lives and works in Marseille. Recently graduated from Beaux-Arts in Marseille, Neïla Czermak Ichti draws her world—friends, loved ones, parents—whom she transforms into characters inspired by her fictional heroes, monsters, sphinxes, and aliens. From realist and magical writing that shows her penchant for manga, video games, horror films, and popular culture, her representations and portraits recount her quotidian, culture, and generation. In 2023, her work was presented at MO.CO. Panacée in Montpellier, the art center of the Villa Arson in Nice, the Villette in Paris, and at the Magasins Généraux in Pantin in a series of group exhibitions.

Gabrielle Danchick

Née en 1963, vit et travaille à Brooklyn. Autrice, éditrice et correctrice pour la presse magazine, Gabrielle Danchick a commencé le dessin et la peinture à l'aquarelle en 2020, au plus fort de la pandémie, pendant le confinement, pour faire face au stress ambiant. S'entraînant et apprenant à partir de photos trouvées sur Pinterest, l'artiste américaine amateure constitue peu à peu une galerie de portraits dont les maladresses font aussi l'identité. Elle continue depuis dès qu'elle le peut, sans prétention ni réelle ambition mais avec le souci de donner une présence à ses modèles. La force et l'expressivité de leur regard, dénominateur commun à tous ses portraits, en témoignent.

Born in 1963, lives and works in Brooklyn. Author, editor, and copyeditor for magazines, Gabrielle Danchick began drawing and watercolor painting in 2020, during the height of the pandemic, in lockdown, to cope with the surrounding stress. Teaching herself by using photos from Pinterest, the amateur artist is gradually creating a gallery of portraits whose blunders constitute their identity. She's since continued when she can, without pretension or real ambition, but taking care to bestow a presence to her models. The force and expressivity of their gazes, a common denominator of all her portraits, is a testament to this.

Mattia Denisse

Né en 1967, vit et travaille à Lisbonne. Mattia Denisse dessine depuis 30 ans. Nourri de références littéraires, notamment pataphysiques, de contes et de mythes, son dessin étonne par sa grande diversité et sa nature énigmatique. Préférant travailler dans l'ombre ou pour les autres, tel le duo d'artistes portugais João Maria Gusmão et Pedro Paiva dont il partage l'univers étrange et fantastique, une grande exposition lui est enfin consacrée en 2022 au Culturgest à Lisbonne. En 2023, la commissaire d'exposition Anne Bonin en présente une version renouvelée au centre d'art contemporain Le Grand Café de Saint-Nazaire, dans laquelle l'œuvre gigogne et l'univers unique de Mattia Denisse prennent leur pleine mesure.

Born in 1967, lives and works in Lisbon. Mattia Denisse has been drawing for thirty years. Nourished by literary references, especially pataphysics, fairy tales, and myths, his drawing is surprising in its diversity and its enigmatic nature. Preferring to work in shadows or for others, such as the Portuguese artist duo João Maria Gusmão and Pedro Paiva, with whom he shares a strange and fantastical universe, a large exhibition was finally consecrated to him in 2022 at the Culturgest in Lisbon. In 2023, the curator Anne Bonin will present a new version at the art center Le Grand Café in Saint-Nazaire, in which Mattia Denisse's nested œuvre and unique universe take their full measure.

Julie Doucet

Née en 1965, vit et travaille à Montréal. Autrice culte de bande dessinée, dont le nouveau livre *Suicide Total* est paru en 2023, Julie Doucet poursuit une œuvre autobiographique depuis 1988 et la parution de son premier fanzine *Dirty Plotte*, récit graphique de la vie, des rêves et des angoisses de l'artiste. Dans la veine de Crumb, qui l'admire, Julie Doucet se raconte sans fard et sans pudeur dans un dessin au noir et blanc nerveux. En janvier dernier, le Festival d'Angoulême, dont elle fut Grand Prix en 2022, lui a consacré l'exposition « Toujours de grande classe », une rétrospective de son œuvre qui mêle la bande dessinée, l'art imprimé, le collage et l'écriture.

Born in 1965, lives and works in Montreal. Cult graphic novel author, whose new book *Suicide Total* was published in 2023, Julie Doucet has undertaken an autobiographical œuvre since 1988, the year of the publication of her first fanzine *Dirty Plotte*, a graphic account of the life, dreams, and anguishes of the artist. In the vein of Crumb, whom she admires, Julie Doucet recounts herself openly and shamelessly in nervous black and white drawing. Last January at the Festival of Angoulême, where she won the Grand Prize in 2022, her exhibition "Always Classy" was on view, a retrospective bringing together graphic novels, printed art, collage, and writing.

Adrien Fregosi

Né en 1980, vit et travaille à Sète. Sommairement « sprayés » sur le papier, les chiens, les personnages et les figures dessinés par Adrien Fregosi sont volontairement sans manières, à rebours de toute virtuosité. Avec le minimum de couleurs et de détails, ses portraits et ses scènes tragicomiques qui laissent dégouliner la peinture flirtent avec le dessin d'enfant, le graffiti et l'art brut. Jouant à la fois du manque, de l'excès et de leur contraste, le travail d'Adrien Fregosi, récemment présenté dans l'exposition collective « Soft Touch » au Sultana Summer Set Arles, l'annexe arlésienne de la galerie parisienne Sultana, relève d'une énergie brute, vitale, essentielle.

Born in 1980, lives and works in Sète. Summarily sprayed on paper, the dogs, characters, and figures drawn by Adrien Fregosi are willfully without manners, against all virtuosity. With a minimum of colors and details, his tragicomic portraits and scenes drip paint and flirt with a child's drawing, graffiti, and outsider art. Playing at once with lack, excess, and their contrast, Adrien Fregosi's work, recently presented in the group exhibition "Soft Touch" at Sultana Summer Set Arles, the Arles annex of the Parisian gallery Sultana, is of a raw, vital, essential energy.

Alice Guittard

Née en 1986, vit et travaille entre Paris et Lisbonne. La mémoire et le souvenir des êtres, des lieux et de leurs histoires sont au centre du travail d'Alice Guittard. L'artiste, remarquée à la Bourse Révélations Emerige en 2017, en fait le récit dans des pièces qui empruntent à la sculpture, à la photographie et au dessin. Dans sa dernière exposition à Paris, elle reconstituait sa maison idéale, délimitant à la craie de couleur sur les murs les différentes pièces et accrochant des objets réalisés en marqueterie de marbres. Le marbre est son support de prédilection. Un révélateur d'images, d'objets et de visages, réels ou fantasmés, tels ceux de Lou, Lisa ou Vanda, qu'elle fait revivre et s'exprimer dans la pierre.

Born in 1986, lives and works between Paris and Lisbon. Memory and mementos of beings, places, and their histories are at the center of Alice Guittard's work. The artist, recognized by the Emerige Revelations Prize in 2017, recounts them in pieces that borrow from sculpture, photography, and drawing. In her last exhibition in Paris, she created her ideal house, marking out the different rooms with colored chalk on the walls and hanging objets made of marble marquetry. Marble is her preferred medium. A revealer of images, objects, and faces, real or fantasized, such as those of Lou, Lisa, or Vanda, which she revives and expresses in the stone.

Joseph de Lapaillone

Né en 1999, vit et travaille à Paris. Diplômé en 2023 des Beaux-Arts de Paris, où il suivait l'atelier de Joann Sfar, Joseph de Lapaillone déconstruit le dessin, hybridant le manga et la bande dessinée, dont il maîtrise l'écriture et les codes, avec le dessin plasticien. Tournées vers la synthèse et un retour à l'essence du geste, ses recherches l'amènent à s'intéresser à l'art pariétal et au graffiti. La série de référence de Brassaï, dont on retrouve l'influence dans les visages que le jeune artiste publie ici, inspire aussi son diplôme de fin d'études - un polyptyque recouvrant les murs d'une salle plongée dans l'obscurité à la manière d'une grotte et figurant un paysage à la croisée d'un futur dystopique et d'un passé lointain.

Born in 1999, lives and works in Paris. Graduated from Beaux-Arts Paris in 2023, where he was in Joann Sfar's atelier, Joseph de Lapaillone deconstructs drawing, hybridizing manga and graphic novels—with a mastery of their writing and codes—and artist's drawing. Tending towards synthesis and a return to the essence of gesture, his research led him to an interest in cave painting and graffiti. A series by Brassaï, whose influence is evident in the faces the young artist presents here, also inspired his thesis show—a polyptych covering the walls of a room plunged into darkness like a cave, depicting a landscape at the crossroads of a dystopian future and a distant past.

José Lerma

Né en 1971, vit et travaille à San Juan et Chicago. José Lerma peint et dessine des visages en grand format et en gros plan avec le minimum de gestes et de couleurs possible. Juste de quoi rendre visibles les contours d'une figure, en faisant l'économie du détail et du contexte pouvant renseigner sur l'identité du modèle et sa psychologie. Jouant de l'agencement et de la symétrie de généreux coups de brosse ou de la répétition et de la variation de traits sur le papier, ses grandes peintures colorées et chargées de matière et ses portraits en grille noir et blanc sont d'une implacable efficacité et d'une insoupçonnable complexité. Une galerie de portraits quasi abstraits qui redéfinit le genre.

Born in 1971, lives and works in San Juan and Chicago. José Lerma paints and draws faces in large format close-ups with as few gestures and colors possible. Just enough to make visible the contours of a figure, minimizing the details and context that could bestow an identity on the model and their psychology. Playing with the arrangement and symmetry of generous brush strokes, or the repetition and variation of lines on paper, his large paintings, colorful and laden with material, and his portraits in black and white grids, are of an implacable efficiency and an unexpected complexity. A gallery of quasi-abstract portraits that redefine the genre.

Julien Meert

Né en 1983, vit et travaille à Bruxelles. Quelques figures rudimentaires se détachant sur un fond coloré : les œuvres sur papier de Julien Meert se caractérisent par une douce austérité. Les corps représentés sont fragiles, les figures sidérées, les paysages dépouillés voire hostiles. Julien Meert dessine des mondes alternatifs, les siens, à la frontière du rêve et de la réalité, chaque œuvre fonctionnant comme une tentative d'autoportrait. Introspectif et métaphysique, son univers singulier, son « Planetarium », pour reprendre le titre de sa dernière exposition à Bruxelles, fait coexister corps physiques et corps éthérés, espace physique et mental. « Un voyage statique dans une pensée paysage ».

Born in 1983, lives and works in Brussels. A few rudimentary figures stand out from a colored background: Julien Meert's works on paper are characterized by a soft austerity. The bodies shown are fragile, the figures stunned, the landscapes bare, even hostile. Julien Meert draws alternative worlds, his own, at the border between dream and reality, each artwork functioning like a tentative self-portrait. Introspective and metaphysical, his singular universe, his "Planetarium," to use the title of his last exhibition in Brussels, brings together physical and ethereal bodies, physical and mental space. "A static voyage in a thought landscape."

Mieko Meguro

Vit et travaille à New York. En 2020, la galerie Marian Goodman à Paris exposait une sélection de dessins de l'artiste japonaise Mieko Meguro : des portraits simples, réalisés au crayon ou au pastel figurant son compagnon, l'artiste Dan Graham, disparu en février 2022. Elle le représentait dans des situations du quotidien, le plus souvent seul, cherchant à saisir la fugacité et la richesse de ses expressions, qu'elle compare à celles d'acteurs de kabuki figeant leur pose. On voit l'artiste attablé, allongé, à l'hôtel ou au café, revêtu de tee-shirts à motifs ou à slogans souvent comiques et décalés. Des portraits intimes, drôles et touchants - l'hommage d'une artiste à sa muse.

Lives and works in New York. In 2020, the gallery Marian Goodman in Paris exhibited a selection of drawings by the Japanese artist Mieko Meguro: simple portraits, drawn with crayon or pastel, showing her companion, the artist Dan Graham, who passed away in February 2022. She depicted him in quotidian situations, most often alone, seeking to grasp the fleetingness and richness of his expressions, which she compares to kabuki actors holding their poses. We see the artist seated at the table, lying down, at a hotel or cafe, dressed in t-shirts with motifs or slogans that are often funny and quirky. Intimate portraits, funny and touching—the homage of an artist to her muse.

Florent Morin

Né en 1991, vit et travaille à Angoulême. Diplômé en 2015 de l'École des métiers du cinéma d'animation, Florent Morin développe une pratique de dessinateur et d'auteur de films d'animation (*Les Ruines d'Arcadie* en 2015, *Les Songes de Lhomme* en 2019, *Le Chant de la Perle* en 2022). Ses dessins au fusain, au crayon et au pastel gras et ses images au grain légèrement flouté ont la délicatesse, la fugacité et la beauté des rêves et des souvenirs. Hanté par les questions de mémoire et de conservation, Florent Morin tente de restituer l'image fragile du passé en explorant la nébulosité mémorielle. Inspiré par *L'Atlas Mnémosyne* d'Aby Warburg, il travaille avec et à partir d'images d'archives, redonnant vie et actualité à des histoires singulières autant qu'à l'imaginaire collectif.

Born in 1991, lives and works in Angoulême. A 2015 graduate of the École des métiers du cinéma d'animation, Florent Morin has developed a practice of drawing and of animated films (*Les Ruines d'Arcadie* in 2015, *Les Songes de Lhomme* in 2019, *Le Chant de la Perle* in 2022). His charcoal, pencil, and oil pastel drawings and his slightly blurry images have the delicacy, fleetingness, and beauty of dreams and memories. Haunted by questions of memory and conservation, Florent Morin attempts to restitute the fragile image of the past by exploring memorial nebulosity. Inspired by Aby Warburg's *Atlas Mnemosyne*, he works with and from archival images, giving new life and relevance to singular histories as well as the collective imaginary.

Jérôme Mulot

Né en 1981, vit et travaille à Nantes. Coauteur d'une quinzaine d'ouvrages de bande dessinée avec Florent Ruppert, Jérôme Mulot poursuit aujourd'hui une activité personnelle où le dessin et les livres tiennent toujours une place centrale. Le dessin d'observation, sur le motif, et le portrait de ses proches, à l'encre, à l'aquarelle ou au feutre, nourrissent et côtoient une pratique novatrice de la BD. La diversité des techniques et des écritures de Jérôme Mulot, la finesse et la sensibilité de son regard et de son trait le distinguent. On les retrouve depuis la rentrée 2022 dans *Beaux Arts Magazine* où il signe « sa visite en BD », le récit d'une exposition qui fait l'actualité.

Born in 1981, lives and works in Nantes. Co-author of fifteen graphic novels with Florent Ruppert, Jérôme Mulot currently has a personal practice in which drawing and books still play a central role. Observational drawing, on the motif, and the portrait of his intimates, in ink, watercolor, or felt-tip pen, nourishes and co-exists with an innovative comic practice. Jérôme Mulot's diversity of techniques and writings, the finesse and sensibility of his gaze and his line, distinguishes him. They go back to the fall of 2022, when he signed "his visit in comics" in *Beaux Arts Magazine* the story of an exhibition making the news.

Danielle Orchard

Née en 1985, vit et travaille à New York. La représentation du corps féminin est le sujet central de l'œuvre de Danielle Orchard, évocatrice de celles de Picasso et de Matisse. Un corps de femme nu, libre et souverain, que l'artiste américaine représente souvent allongée ou au bain, dans la grande tradition de la peinture moderne occidentale. La série de fusains publiés ici le confirme. Présentés lors de son exposition « Page Turner » à la galerie Perrotin à Paris en septembre 2022, ils ont été produits pendant l'été lors d'une résidence au Cap Ferret. Une série de baigneuses entre elles, représentées avec ou sans marques de maillot, qui regardent avec flegme les oiseaux et les bateaux sombrer.

Born in 1985, lives and works in New York. The representation of the female body is the central subject of Danielle Orchard's œuvre, evoking that of Picasso and Matisse. A nude female body, free and sovereign, which the American artist often depicts lying down or in the bath, in the grand tradition of modern Western painting. The series of charcoals published here confirms this. Presented during her exhibition "Page Turner" at the Perrotin gallery in Paris in September 2022, they were produced over the summer during a residency in Cap Ferret. Among them is a series of bathers, represented with or without tan lines, who calmly watch birds and sinking boats.

Jacopo Pagin

Né en 1998, vit et travaille à Bruxelles. Jeux de superpositions et de dédoublements des formes, des couleurs et des matières ; rondeur et élégance des figures et des lignes entrecroisées : la peinture et le dessin de Jacopo Pagin relèvent de la chorégraphie et de la magie. Son univers combine expression et maniérisme, illusion et décoration. Friand des jeux de miroirs, l'artiste s'amuse des reflets des visages et des corps dans les vases et les verres en cristal - motifs récurrents de ses œuvres. Si sa peinture, très dessinée, joue le rôle central, l'artiste diplômé de la LUCA School of Arts de Bruxelles en 2018 et résident du Pavillon Southway à Marseille en 2019 où il expose en 2021, réalise aussi des performances et des sculptures sonores, complétant un univers très riche.

Born in 1998, lives and works in Brussels. Games of superimpositions and duplication of shapes, colors and materials; roundness and elegance of intersecting figures and lines: Jacopo Pagin's painting and drawing reveal choreography and magic. His universe combines expression and mannerism, illusion and decoration. Fond of mirror games, the artist amuses himself with the reflections of faces and bodies in vases and crystal glasses—recurrent motifs of his artworks. While his painting, very drawing-like, plays the central role, the 2018 graduate of LUCA School of Arts in Brussels, in residency at the Pavilion Southway in Marseille in 2019 where he exhibited in 2021, also makes performances and sound sculptures, completing a rich universe.

Gábor Pintér

Né en 1983, vit et travaille à Budapest. Gábor Pintér fait partie, avec József Csató publié dans *The Drawer* volume 20, de la jeune génération d'artistes formés à l'Université hongroise des Beaux-Arts. À l'inverse du second et de son œuvre symbolique, merveilleuse et abstraite, Gábor Pintér, diplômé en 2008, pratique un art figuratif et narratif tout entier tourné vers le réel. Objets et scènes de la vie quotidienne peuplent ses tableaux et ses dessins acides et absurdes, qui multiplient les télescopages de toutes sortes, gestuels et temporels. Un portrait de l'époque à retrouver dans *Sensational Nothing*, ouvrage rassemblant une sélection des dessins et carnets de l'artiste, en attendant une prochaine exposition en France.

Born in 1983, lives and works in Budapest. Gábor Pintér, along with József Csató, published in *The Drawer* volume 20, is part of the young generation of artists educated at the Hungarian University of Fine Arts. Contrary to Csató and his symbolic œuvre, Gábor Pintér, who graduated in 2008, practices a figurative and narrative art entirely oriented towards the real. Objects and scenes of everyday life populate his acid and absurd paintings and drawings, which proliferate with telescoping of all kinds, gestural and temporal. A portrait of the era is found in *Sensational Nothing*, a publication bringing together a selection of the artist's drawings and notebooks, in anticipation of a forthcoming exhibition in France.

Stefan Rinck

Né en 1973, vit et travaille à Berlin. Telle une version brouillonne et bavarde de ses sculptures de pierre, les dessins sur carnets de Stefan Rinck, montrés en 2022 à la galerie Sémiose à Paris, séduisent par leur simplicité et leur humour. À l'opposé de la technicité et de la monumentalité de la sculpture, le dessin est un territoire de jeu - le moyen simple, efficace et direct de doter les figures hiératiques et silencieuses du mouvement et de la parole. On retrouve le bestiaire caractéristique de l'artiste allemand, emprunté à une multiplicité de sources, de temps et de continents. Chiens, chats, sauriens anthropomorphes et autres chimères commentent l'époque avec légèreté et gravité, caractéristiques de l'œuvre de Rinck.

Born in 1973, lives and works in Berlin. Like a messy and loud version of his stone sculptures, Stefan Rinck's drawings in notebooks, exhibited in 2022 at the Sémiose gallery in Paris, seduce with their simplicity and humor. Contrary to the monumentality and technicality of sculpture, drawing is a territory of play—the simple, efficient, and direct way of endowing hieratic and silent figures with movement and speech. We find here the German artist's bestiary characteristic, borrowed from a number of sources, times, and continents. Dogs, cats, anthropomorphic saurians and other chimeras comment on the era with lightness and gravity, a signature of Rinck's work.

Saint Brush

Né en 1980, vit et travaille à Edeldorf. Après une pratique exclusive de la peinture abstraite à sa sortie des Beaux-Arts de Munich, Saint Brush choisit de se consacrer au dessin figuratif, essentiellement au portrait, sélectionnant ses sujets célèbres ou anonymes sur Instagram. Il en fait des captures d'écran, les retouche et s'en sert de modèles pour ses dessins qu'il poste ensuite à nouveau sur le réseau social. Classiques et audacieux, les portraits de l'artiste d'origine hongroise atteignent leur objectif : celui de retranscrire l'expression mélancolique qui a présidé à leur choix. Quittant l'écran, ses portraits n'en perdent pas moins leur force. Un dessin fait avec et pour Instagram, à voir aussi en vrai.

Born in 1980, lives and works in Edeldorf. After exclusively painting upon leaving art school in Munich, Saint Brush decided to devote himself to figurative drawing, especially portraiture, selecting his famous or anonymous subjects on Instagram. He takes screenshots, retouches them, and inserts models for his drawings, which he then reposts on social media. Classical and audacious, the Hungarian artist's portraits achieve their object: transcribing the melancholic expression that presided over their selection. Leaving the screen, the portraits don't lose any of their power. Drawing with and for Instagram, to be seen IRL too.

Marijke Vasey

Vit et travaille à Beaubery. Ses peintures récentes, qu'on a pu voir en 2022 au centre d'art Le 19 CRAC à Montbéliard dans son exposition personnelle « Rococo Disco », figurent des cadres vides. Marijke Vasey s'intéresse aux pourtours de l'image, à ses bords. Au centre de ses toiles, pareilles à des miroirs, un « trou » monochrome contraste avec le cadre orné de motifs. Une silhouette, une tête, un paysage indéfini se dessinent parfois en négatif. Vides et pleins, mêlant ornementation et minimalisme, ces *Frame Paintings* sont pour l'artiste anglo-belge installée en France des ouvertures vers une diversité d'atmosphères et de sensations. Une réflexion sur le rôle et l'importance du cadre et du décoratif dans la peinture.

Lives and works in Beaubery. Her recent paintings, which were on view in 2022 at Le 19 CRAC art center in Montbéliard in her solo exhibition "Rococo Disco," featured empty frames. Marijke Vasey is interested in the periphery of the image, its edges. At the center of her mirror-like canvases, a monochrome "hole" contrasts with the patterned frame. A silhouette, a head, an undefined landscape are sometimes drawn in the negative. Empty and full, bringing together ornamentation and minimalism, these *Frame Paintings* are for the English-Belgian artist, who lives in France, openings towards a diversity of atmospheres and sensations. A reflection on the role and importance of the frame and of the decorative in painting.

Mo Vleeshouwers

Né en 1989, vit et travaille à Montréal. Découverts sur Instagram, les dessins au graphite de Mo Vleeshouwers surprennent par leur mystère et leur douceur inquiétante. Leur caractère énigmatique tient au flou de leur traitement, qui confine parfois à l'effacement, ainsi qu'aux scènes et aux figures représentées, inspirées des mythes anciens et contemporains et de l'histoire de l'art. Souvent composés en cases, ses dessins se présentent comme des rébus dont le sens et le récit nous échappent. La figure humaine est souvent au centre - une figure inquiète, en suspens. Diplômé de la LUCA school of arts de Gand en 2012, l'artiste d'origine flamande est également musicien, guitariste de jazz.

Born in 1989, lives and works in Montreal. Discovered on Instagram, Mo Vleeshouwers's graphite drawings surprise with their mystery and discomfiting softness. Their enigmatic character comes from the blurriness of their treatment, which sometimes borders on erasure, as well as the scenes and figures depicted, inspired by ancient and contemporary myths and by art history. Often composed in boxes, his drawings are presented as puzzles whose meaning and story escape us. The human figure is often at the center—a worried figure, in suspense. A 2012 graduate of the LUCA school of arts in Gand, the Flemish artist is also a musician, a jazz guitarist.

Jenny Watson

Née en 1951, vit et travaille à Brisbane. Entrelaçant l'autobiographie et la fiction, l'art de Jenny Watson se caractérise par sa maladresse poétique. D'un geste simple voire enfantin, l'artiste d'origine australienne se représente elle et ses alter ego dans des scènes quotidiennes ou fantasmées parfois accompagnées de la figure du père, du cheval ou de l'oiseau. Le texte est souvent présent dans son travail, éclairant sous un nouveau jour l'image concernée. Sur papier, sur toile ou sur textile, l'œuvre de Jenny Watson interroge, depuis les débuts de sa pratique au milieu des années 1970, le rôle et la place de la femme dans la société contemporaine. Une œuvre rare et essentielle.

Born in 1951, lives and works in Brisbane. Interlacing autobiography and fiction, Jenny Watson's art is characterized by its poetic clumsiness. From a simple, even childlike gesture, the Australian artist represents herself and her alter egos in quotidian or fantasized scenes, sometimes accompanied by father, horse, or bird figures. Text is often present in her work, shedding new light on the image. On paper, canvas, or fabric, Jenny Watson's œuvre has interrogated, from the beginnings of her practice in the mid 1970s, the role and place of woman in contemporary society. A rare and essential œuvre.

William Wegman

Né en 1943, vit et travaille à New York et dans le Maine. Les photographies de ses chiens, des braques de Weimar devenus ses modèles uniques, qu'il met en scène et humanise, ont fait le tour du monde. Antérieure à la photographie, sa pratique de la peinture et du dessin est moins connue mais tout aussi marquée par l'humour et le jeu. Puisant dans sa collection de cartes postales, l'artiste américain peint des architectures et des paysages en jouant des perspectives et des effets de trompe-l'œil. Il dessine des portraits, où l'on retrouve ses chiens, des personnalités diverses, des autoportraits. Une sélection d'entre eux a été montrée à la galerie Georges-Philippe et Nathalie Vallois à Paris début 2023.

Born in 1943, lives and works in New York and Maine. Photographs of his dogs, Weimaraners that have become his only models, whom he stages and humanizes, have gone around the world. Pre-dating his photography, his painting and drawing practice is less known but just as marked by humor and play. Drawing from his collection of postcards, the American artist paints architectures and landscapes, playing with perspective and trompe-l'oeil effects. He draws portraits, in which we again find dogs, diverse characters, self-portraits. A selection was exhibited at the gallery Georges-Philippe and Nathalie Vallois in Paris in early 2023.

Robin Wen

Né en 1994, vit et travaille à Bruxelles. Souvent représentés de dos ou le visage couvert, les modèles des peintures et des dessins au stylo bille de Robin Wen sont des proches de l'artiste, issus de la communauté des *free party* qu'il connaît bien. Dessinés avec précision et douceur, leurs vêtements, leurs tatouages et leurs bijoux renseignent sur leur âge et leur identité. Respectueux de chacun.e, les dessins de Robin Wen documentent une jeunesse marginalisée, peu souvent représentée. S'inscrivant dans la tradition de la peinture de genre et du portrait, le jeune artiste diplômé de La Cambre en 2018 en fait le sujet de son art, lui donnant existence et visibilité.

Born in 1994, lives and works in Brussels. Often depicted from behind or with covered faces, the models of Robin Wen's paintings and pen drawings are close to the artist, coming from the free party community, which he knows well. Drawn with precision and tenderness, their clothes, tattoos, and jewelry offer clues about their ages and identities. Respectful of each of them, Robin Wen's drawings document a marginalized youth, rarely represented. Inscribing himself in the tradition of portrait and genre painting, the young artist who graduated from La Cambre in 2018 makes this youth the subject of his art, giving it an existence and a visibility.

The Drawer

Direction artistique et éditoriale
Sophie Toulouse & Barbara Soyer.

Logo Jacky Georges.

Relecture Anne-Claude Danion.

Traduction Ana Iwataki.

Distribution
Les presses du réel : www.lespressesdureel.com
Newco Export Press : www.exportpress.com

Imprimé en Lituanie par Kopa,
Vilnius, en août 2023.

Dépôt légal : septembre 2023.
ISBN 978-2-492779-06-0

Édité par **The Drawer**
10 rue Madame, 75006 Paris.
www.thedrawer.paris

Nous tenons à remercier tous les artistes
présents dans cet ouvrage pour leur participation.
Merci également à nos partenaires.

Couverture
Robin Wen, *Blue Rave*, stylo à bille sur papier, 18,5 x 24 cm, 2023.
Courtesy de l'artiste et Un-Spaced Gallery.